vital:

rororo sport

Herausgegeben von Bernd Gottwald

Doris Burger

Nordic Walking

Richtig fit und gesund

Mehr Energie und Ausdauer

Ideal für die Figur

Gut gelaunt durch sanfte Bewegung

Fotos Peter Flindt

Rowohlt Taschenbuch Verlag

2. Auflage Januar 2005

Originalausgabe | Veröffentlicht im Rowohlt Taschenbuch Verlag, Reinbek bei Hamburg, November 2004 | Redaktion Claudia Piras | Fotoproduktion Katrin Hoffmann/Doris Burger | Umschlaggestaltung Vicky Groombridge/VITAL; technische Umsetzung ZERO Werbeagentur, München (Fotos: Peter Flindt) | Layout Christine Lohmann, Hamburg | Satz DIN PostScript, QuarkXPress 4.1 | Gesamtherstellung Clausen & Bosse, Leck | Printed in Germany | ISBN 3 499 61950 4

Inhalt

Nordic Walking – ein starker Trend 8

Ein Sport mit vielen Vorteilen 11

Das Equipment – leicht und funktional 24

Der flexible Stock 26

Der optimale Schuh 30

Die passende Kleidung 35

Nützliche Accessoires 39

Die Technik – gibt richtig Schwung 42

Der einfache Start 44

Die Nordic-Walking-Technik im Überblick 49

Typische Fehler, rasch behoben 50

Bergauf und bergab 53

Mehr Spaß in der Gruppe 55

Nordic Walking auf Reisen 57

Timing – regelmäßig zum Erfolg 58

Der Trainingsplan für Einsteiger 65

Training komplett 68

Warm-up 70

Ausdauertraining – die goldene Mitte 74

Cool-down 75

Stretching – perfekt zum Abschluss 76

Intermezzo: Workout für die Kraft 83

Neue Impulse für Fortgeschrittene 90

Das richtige Tempo 92
Training mit der Pulsuhr 97
So werden Sie schneller 102
Der Trainingsplan für Fortgeschrittene 105
Wettkampf – der Kick für Aktive 108
Wintervarianten und große Sprünge 110

Service 115

Literatur 116
Adressen 117
Autorin 119

Nordic Walking

– ein starker Trend

Beinahe hätte der Sport «Vital Walking» geheißen. Nachdem das Walken mit speziellen Stöcken 1997 in Finnland als neue Fitness-Sportart vorgestellt worden war, griffen eine Hand voll Tiroler Hotels den Trend begeistert auf. Sie kauften Stöcke, ließen Trainer ausbilden und boten das gesunde Outdoor-Vergnügen ihren Gästen an. Und da die Hotels unter der Dachmarke «Tirol Vital» firmierten, nannten sie die neue Art zu gehen eben «Vital Walking».

Eine Zeit lang war unklar, welche Bezeichnung sich in Mitteleuropa einbürgern würde: Vital Walking oder Nordic Walking. Parallel übte man in Hamburg das «Stick-Walking», das Gehen mit Teleskopstöcken, und im englischsprachigen Raum das «Pole-Walking» (von «poles» – Stöcke). Das alles spielte sich Ende der 90er Jahre ab, also in der grauen Vorzeit des Nordic Walking.

Inzwischen hat sich der Begriff Nordic Walking durchgesetzt, entsprechend der nordischen Winterdisziplin, dem Langlaufen (Nordic Skiing). Aber nicht nur der Begriff gewann rasch an Bekanntheit, auch die Sportart ist auf dem besten Weg, zu einem beliebten Ausdauertraining zu werden. Immer häufiger sieht man die Trendsetter mit den leichten Stöcken durch Parks und Wälder laufen. Auch in den Straßen werden sie bald so populär sein wie heute Walker oder Jogger.

STICK-WALKING

Diese Variante wurde von der gebürtigen Münchnerin Marina Wolff-Bühring in die norddeutsche Tiefebene gebracht. Sie hatte in den bayerischen Bergen herausgefunden, dass das Gehen mit den Stöcken die Trittsicherheit erhöht und den Rücken entlastet. Nach sechs Monaten hatte sie keine Rückenschmerzen mehr, dafür aber eine ausgezeichnete Kondition. Sie gründete Walking-Gruppen und arbeitete mit verschiedenen Vereinen zusammen, sodass heute etliche Hamburger Sportvereine Stick-Walking anbieten. Es ist eine etwas gemächlichere Variante des Nordic Walkings, wird mit Teleskopstöcken geübt und findet vor allem bei der 50-plus-Generation großen Anklang.

Ein Sport mit vielen Vorteilen

Nordic Walking hat jede Menge Vorteile. Es ist sehr gesund und trainiert den gesamten Körper. Es ist toll für die Figur und ideal zum Abnehmen. Es bringt Energie, Fitness und gute Laune. Nordic Walking ist leicht zu lernen, preiswert und individuell. Sportlerinnen spüren schnell Erfolge, sie fühlen sich kräftiger und dynamischer. Stress lässt sich damit sehr gut ausgleichen, auf die Dauer macht Nordic Walking gelassener und entspannter. Nicht zuletzt ist die Bewegung in der Natur und an der frischen Luft genau das, was uns so wohl tut. Sie vitalisiert und lässt uns lebendig fühlen.

Die Pluspunkte im Überblick

Nordic Walking

- ➜ ist gesund
- ➜ ist kommunikativ
- ➜ ist toll für die Figur
- ➜ bringt Energie und Fitness
- ➜ ist preiswert und individuell
- ➜ ist leicht zu lernen
- ➜ macht Spaß und gute Laune
- ➜ gleicht Stress aus und löst Verspannungen

Sie sind noch nicht überzeugt? Dann sehen Sie sich die einzelnen Pluspunkte genauer an. Wer sofort loslegen möchte, springt weiter zum Thema Ausrüstung (ab Seite 26). Überprüfen Sie Ihr Equipment und gehen Sie los. Doch zunächst die besten Argumente en détail.

Nordic Walking ist gesund

Wer Nordic Walking trainiert, kann sicher sein, gesund zu trainieren. Die Verletzungsgefahr ist minimal: Selbst bei regennassen Wegen, bei Matsch und Schnee haben Sie stets guten Kontakt zum Boden. Denn Sie haben zusätzlich zu Ihren Füßen, von denen beim Walking bekanntlich immer einer am Boden ist, zwei weitere Kontaktpunkte durch Ihre Stöcke. So ist die Gefahr auszurutschen oder umzuknicken sehr gering. Vor allem, wenn Sie sich vor dem Training gründlich aufgewärmt haben (was Sie immer tun sollten).

Der Wegfall einer Flugphase ermöglicht auch kräftigen und schweren Sportlerinnen ein sicheres und gelenkschonendes Training. Beim Joggen setzen Sie – je nach Technik und Tempo – mit dem 2,5- bis 3-fachen Ihres Körpergewichts auf, beim Walken nur mit dem 1- bis 1,5-fachen. Beim Nordic Walking ist die Gelenkbelastung sogar noch geringer, da bis zu 20 Prozent des Körpergewichts auf die Stöcke verlagert werden. Dadurch werden vor allem Fuß-, Knie- und Hüftgelenke wirkungsvoll entlastet. So ist Nordic Walking eine gute Möglichkeit für XXL-Sportlerinnen (und natürlich auch Sportler!), um sicher Kondition auf- und Gewicht abzubauen.

Das Tempo kann sehr gut reguliert werden. Selbst wenn Sie sich anstrengen: Beim Walking und Nordic Walking kommen Sie normalerweise nicht «aus der Puste». Anders als beim Joggen läuft der Atem von alleine tief und rund. So fordern Sie sich, ohne sich zu überfordern. Wer sich noch in kurzen Sätzen unterhalten kann, läuft stets auf der sicheren Seite des Lebens.

Gemeinsam geht's besser – **Wenn Sie einen Partner haben, der ebenfalls ein bisschen Schwung gebrauchen kann und vielleicht einige Kilo zu viel auf die Waage bringt: Starten Sie den neuen Sport gemeinsam.**

tipp

Gesundheits-Check

Bevor Sie mit dem Sport beginnen, sollten Sie sicherheitshalber mit Ihrem Hausarzt sprechen, vor allem wenn Sie

- → **älter als 35 sind und jahrelang keinen Sport getrieben haben, und/oder mehr als 10 Kilo Übergewicht haben**
- → **zu hohen Blutdruck, Diabetes und/oder überhöhte Cholesterinwerte haben**
- → **sich generell matt und schlapp fühlen oder Schwindelgefühle haben**
- → **ab und zu unter Atembeschwerden leiden**
- → **vor kurzem operiert wurden oder schwer krank waren**
- → **schwanger sind oder gerade ein Kind geboren haben**

Nordic Walking beugt – wie jeder Ausdauersport – einer ganzen Reihe von Krankheiten vor (z. B. Arteriosklerose, Herzschwäche, Venenleiden oder Osteoporose). Es trainiert Herz und Kreislauf schonend und effektiv. Es stärkt die Immunabwehr und macht widerstandsfähiger. Es fördert die Durchblutung und die Sauerstoffaufnahme. Nordic Walking ist ein idealer Ausgleich für langes Sitzen, es kräftigt vernachlässigte Muskeln und bringt den Stoffwechsel in Schwung.

Eine brandneue, noch unveröffentlichte Studie zeigt sogar, dass sich mit regelmäßigem Walking oder Nordic Walking zu hohe Cholesterinwerte wirkungsvoll senken lassen. Und zwar so wirkungsvoll, dass selbst Frauen, die vorher bereits Cholesterinsenker einnehmen mussten, ihre Medikamente reduzieren oder sogar ganz weglassen konnten.

An dieser Studie des Instituts für Kreislaufforschung und Sportmedizin in Köln nahmen rund 60 Frauen zwi-

schen 43 und 65 teil, die alle die Wechseljahre schon hinter sich hatten. Die Frauen waren untrainiert und hatten zum Teil bereits bedenklich erhöhte Cholesterinwerte. Der Grund für diese Auswahl: Das Herz- und Kreislaufrisiko steigt nach der Menopause noch einmal an. Die Studie sollte zeigen, ob sich dieses Risiko durch Bewegung senken lässt.

Die Frauen wurden in drei Gruppen eingeteilt: Die einen ging flott spazieren, andere übten Power Walking und die dritten Nordic Walking. Viermal in der Woche waren sie je 90 Minuten unterwegs, und das insgesamt 16 Wochen lang. Ein großer Zeitaufwand und eine erhebliche Umstellung für die meisten. Doch die Mühe hat sich gelohnt. Bereits nach 12 Wochen hatten sich die Cholesterinwerte bei fast allen Teilnehmerinnen deutlich verbessert. Die Frauen waren begeistert und ihre Hausärzte ebenso.

Auch bei den Fitnesstests schnitten alle besser ab. Während es bei den Blutwerten kaum Unterschiede zwischen den Gruppen gab, hatte sich die Leistungsfähigkeit der Power Walkerinnen und der Nordic Walkerinnen jedoch noch signifikanter gesteigert als die der Spaziergängerinnen.

Positiv wirkte sich die Bewegung auch auf die Figur der Frauen aus. «Der Körper sieht straffer aus», und «die Hose sitzt besser», stellten sie beispielsweise fest. Tolle Effekte, die sich übrigens nicht immer auf der Waage zeigen: Wenn Fett ab- und Muskulatur aufgebaut wird, bleibt das Gewicht gerade am Anfang der Umstellung oft nahezu konstant. Doch die Frauen fühlten sich viel wohler, sie waren selbstbewusster und aktiver.

Fazit dieser Untersuchung: Es ist weniger entscheidend, wie Sie sich bewegen wollen – Hauptsache, Sie tun es!

Nordic Walking ist kommunikativ

Wer in der Gruppe trainiert, mit dem Partner oder mit einer Freundin, wird feststellen, dass es gemeinsam oft mehr Spaß macht. Sie wärmen sich zusammen auf und ziehen Ihre Runden um den See oder durch den Park. Launige Sprüche am Wegesrand, wie das beliebte «na, Ski vergessen?», quittieren Sie mit einem überlegenen Lächeln. Den meisten Untätigen sitzt das schlechte Gewissen im Nacken, das sie dann zu derlei schlichten Witzen treibt. Jeder, der etwas Neues anfängt, wird zunächst Spott hören. Anfang der 80er Jahre traf es die Jogger, die zudem von irritierten Hunden angebellt wurden. In den späten 90ern waren die Walker dran. Und nun sind es eben die Nordic Walker. Allerdings hat sich die Lage bereits etwas entspannt. Mir sind in den letzten Wochen schon Menschen begegnet, die sich freundlich solidarisiert haben: «Oh, wir machen das auch!»

Also sonnen Sie sich in dem guten Gefühl, Trendsetter zu sein und zur Verbreitung einer neuen Sportart beizutragen: Sie laufen Ihrer Zeit einfach voraus.

Nordic Walking ist toll für die Figur

Im Gegensatz zum Joggen, das vor allem die Beinmuskulatur beansprucht, kräftigt Nordic Walking den ganzen Körper. Die Rückseite der Beine, der Po, aber auch Bauch und Rücken werden deutlicher in die Bewegung einbezogen. Sie richten sich auf und Ihre Haltung verbessert sich. Dadurch wirken Sie größer und dynamischer (und Sie fühlen sich auch so!).

Durch den bewussten Einsatz der Stöcke stärkt Nordic Walking zudem Schultern und Arme. Insgesamt werden rund 90 Prozent der gesamten Muskulatur trainiert. Und das schön gleichmäßig. Die Figur wird gestrafft und selbst spezielle Problemzonen – wie die Rückseiten der Oberarme – werden wirkungsvoll erreicht.

Je öfter Sie also losmarschieren und je ausgefeilter Ihre Technik wird, desto deutlicher der Effekt. Freuen Sie sich schon jetzt auf Ihre neue Silhouette im Spiegel.

Wer abnehmen möchte, hat mit dem Nordic Walking eine wirkungsvolle Methode zur Fettverbrennung an der Hand. Wie sich in der oben genannten Kölner Studie gezeigt hat, konnten alle Walkerinnen ihre Fettpolster deutlich verringern. Und das, obwohl sie keine Diät gemacht haben, allein durch die Bewegung.

Sie können den Effekt beschleunigen, indem Sie zusätzlich Ihre Ernährung umstellen. Die Maßnahmen sind bekannt: Frisch und leicht sollte Ihr Essen sein. Obst, Gemüse, Salate und Kräuter stecken prall voller Vitalstoffe,

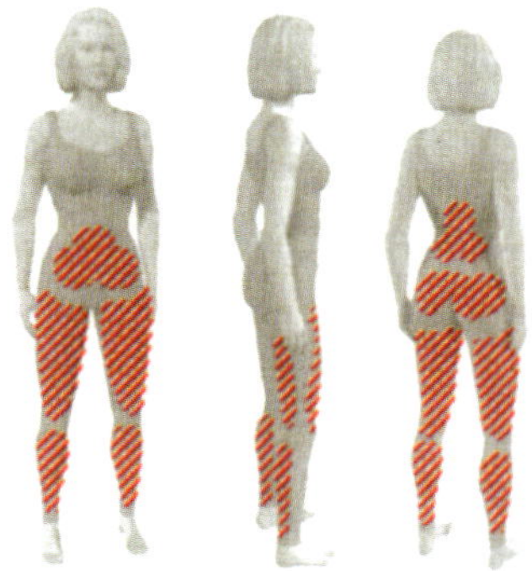

Jogging

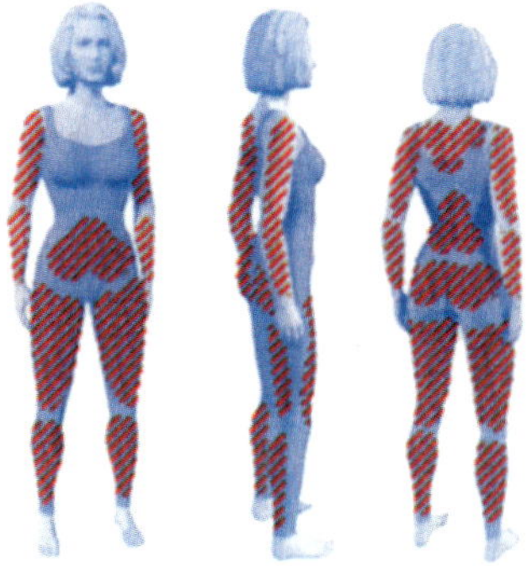

Nordic Walking

Muskelbelastung im Vergleich, nach fit for fun, 4/04

«Effektiv zum schlanken Bauch» heißt mein Buch aus dem Rowohlt Verlag (2003), in dem Sie alles Wichtige zum Thema Abnehmen finden. Dreifach wirksam: Mit Ausdauertraining, gezieltem Workout und Ernährungsumstellung.

buchtipp

dazu kommen hochwertige Kohlenhydrate (z. B. aus Naturreis oder Vollkornbrot), fettarme Milchprodukte (Joghurt, Quark, Käse etc.) und etwas Öl. Auch mageres Fleisch und vor allem Fisch ist gesund und gut für die Figur.

Vergessen Sie bei Ihrem Ernährungs-Check die Getränke nicht: Limonaden haben unnötig viel Zucker und damit Kalorien, genau wie Alkohol, der nicht nur kalorienreich ist (7 kcal pro Gramm!), sondern auch den Appetit anregt und die Fettverbrennung behindert. Auch Milch ist kein Getränk, sondern ein Nahrungsmittel. In orientalischen Ländern hat man zu dünne Bräute mit reichlich Milch gemästet, damit sie dem (dort) gängigen barocken Schönheitsideal entsprechen konnten.

Doch auch Frauen und Männer, denen es einfach nicht gelingen will abzunehmen, können ganz beruhigt sein. Umfangreiche Studien haben gezeigt, dass Bewegungsmangel der entscheidende Risikofaktor für die Gesundheit ist. Nicht das Übergewicht. Die Studienergebnisse, salopp zusammengefasst von einer Sportwissenschaftlerin aus Köln: «Fitte Fette sind viel besser dran als dünne Inaktive.» Nun denn, laufen Sie mit. Wie wir bereits gesehen haben, ist Nordic Walking auch für XXL-Sportlerinnen eine sichere Sache.

Nordic Walking bringt Energie und Fitness

Nordic Walking ist genau wie Walking, Laufen, Skilanglaufen, Rudern oder Radfahren eine Ausdauersportart. Das heißt, dass Sie damit schwerpunktmäßig Ihre Ausdauer trainieren, landläufig auch «Kondition» genannt. Sie kommen nicht mehr so schnell aus der Puste, werden langatmiger und leistungsfähiger. Das ist zum einen gesund und beugt einer Vielzahl von Krankheiten vor. Damit haben Sie aber auch mehr Energie. Lange Reisen machen Ihnen weniger aus, die Anpassungszeit an andere Klimabedingungen oder Höhenlagen wird kürzer. Sie schlafen tiefer und können Stress einfach leichter wegstecken.

Die Ausdauer ist einer der Bausteine der Fitness. Manche Experten, allen voran die Mediziner, halten die Ausdauer gar für den entscheidenden Faktor. Doch Fitness ist mehr: Rundum fit ist nur, wer auch beweglich und schnell ist, Kraft hat und seine Bewegungen gut koordinieren kann. Ein Beispiel: Ein Marathoni kann 42 Kilometer lang laufen, scheitert aber möglicherweise bereits an einem Kasten Mineralwasser. Vielleicht erreicht er mit den Fingern (bei gestreckten Beinen) nicht mehr seine Zehen, weil er so steif ist. Und wenn er mit Ihnen tanzen soll, wirkt das alles andere als geschmeidig und elegant. Die Balance und die Koordination von Arm- und Beinbewegungen hat er vielleicht nie geübt. Beim Nordic Walking sind das feste Bestandteile der Sportart.

So kann Nordic Walking mehr als Laufen: Durch den Stockeinsatz schult es die Koordination und kräftigt die Muskulatur des gesamten Körpers. Es verbessert damit auch die Kraft. Wenn Sie zusätzlich die Stretching-Übungen

Das Fitnessmodell:
Die Bausteine der Fitness

STARKE KNOCHEN

Bewegung, vor allem im Tageslicht, ist die beste Vorbeugung gegen Osteoporose. Licht fördert die Bildung von Vitamin D, das zur Einlagerung von Kalzium in die Knochen gebraucht wird.

in Ihr Programm einbauen (siehe Seite 76 ff.), trainieren Sie auch Ihre Beweglichkeit. Fehlt nur noch die Schnelligkeit zur Rundum-Fitness. Wie wäre es dazu mit Nordic Jumping? Das sind dynamische Sprünge mit Abdruck von jeweils einem Bein. Doch zu dieser Variante für Fortgeschrittene später mehr. Hier zunächst die Bausteine der Fitness im Überblick (s. Modell links).

Neben den körperlichen Komponenten betrachtet das ganzheitliche Modell der Fitness ebenso die mentalen Komponenten. Genauso wichtig ist es also, gut entspannen und abschalten zu können. Und sich wiederum im richtigen Moment motivieren und konzentrieren zu können. Stellen Sie sich doch einmal eine 100-Meter-Läuferin vor: Sie muss auf den Punkt fit sein. Ausgeschlafen, wach und hoch konzentriert. Ihre Nervosität muss beherrschbar sein (sonst kommt es allzu leicht zum Fehlstart). Und natürlich muss sie vor dem Wettkampf das Richtige gegessen und getrunken haben. Es muss ihr Kraft geben, darf sie aber nicht belasten.

Das ist ein weiterer Pluspunkt beim Sport: Je öfter Sie unterwegs sind, desto deutlicher werden Sie spüren, was Ihnen gut tut. Beispielsweise werden Sie merken, dass Doppelwhopper und Cola keine ideale Vorbereitung auf das Training sind. Auch eine lange Nacht mit vielen Cocktails wird Ihnen Mühe bereiten und die Beine schwer machen. Also vertrauen Sie auf Ihren Körper. Laufen Sie mit.

Nordic Walking ist preiswert und individuell

Für das Nordic Walking brauchen Sie keine aufwändige Ausrüstung. Ein Paar gute Stöcke bekommen Sie für rund 80 Euro, ein Paar perfekte Laufschuhe für etwa 100 (mehr über Schuhe ab Seite 30). Wer mag, kauft sich schicke Laufkleidung dazu und ist damit unabhängig von Wetterverhältnissen, Schulferien und den Öffnungszeiten der Sportclubs. Keine teuren Platzmieten (wie beim Tennis oder Golf), keine Aufnahme- und Monatsgebühren (wie im Fitness-Studio) und keine hohen Zusatzkosten für Anreise und Liftkarten (wie beim Skifahren).

Sie können jederzeit losmarschieren. Meist sogar direkt an Ihrer Haustür. Damit ist Nordic Walking auch ein toller Sport für Mütter. Oft bleibt zwischen den täglichen Terminen nur wenig Zeit. Doch diese können Sie optimal nutzen. Eine halbe Stunde reicht zu Beginn schon völlig aus, um eine schöne Runde zu drehen. Jede Tageszeit ist fürs Walking ideal: Vielleicht schätzen Sie den frühen Morgen, wenn die Luft noch frisch und kühl ist. Vielleicht mögen Sie die Mittagszeit, wenn die Sonne scheint und den Rücken wärmt. Oder vielleicht ist der Abend Ihre Lieblingszeit. Wer aus dem Büro oder von der Arbeit kommt, läutet damit perfekt den Feierabend ein. Die gleichmäßige Bewegung macht den Kopf frei und erfrischt. Der Abend fängt gleich ganz anders an.

Sich mit Freundinnen zu verabreden ist schön, weil man so zwei Fliegen mit einer Klappe schlagen kann. Die neuesten Geschichten lassen sich austauschen, und trainiert wird dennoch. Sie müssen sich aber nicht verabreden. Manche Sportlerinnen schätzen gerade das konzentrierte Gehen alleine. Sie können dabei besser auf ihre Technik achten und nach Bedarf das Tempo anziehen.

Vielleicht wechseln Sie aber auch gerne ab: Einmal ein Training mit dem Partner oder der Freundin, dann einen Termin alleine. Wie bei jeder Individualsportart bleibt das ganz Ihnen überlassen.

Nordic Walking ist leicht zu lernen

Skifahrerinnen und routinierte Walkerinnen können es meist auf Anhieb: Sie führen die Arme natürlich mit und setzen linkes Bein und rechten Stock zeitgleich auf, genau wie rechtes Bein und linken Stock. Die Bewegung läuft wie beim Skilanglaufen diagonal und nicht parallel. Und sie ist viel einfacher: An den Füßen haben Sie Sportschuhe mit griffiger Sohle statt schmaler Ski, die in alle Richtungen wegrutschen können.

Doch auch alle anderen Neueinsteiger haben schnell den Bogen raus. Nach etwa zehn Stunden, so die Erfahrung von Cornelia Ließmann, Nordic-Walking-Trainerin in Bad Tölz, läuft es bei den meisten rund, und die Technik wird schon gut beherrscht.

In welcher anderen Sportart sehen Sie so schnell Erfolge? Nach zehn Tennis-Stunden treffen Sie mit Glück eine vernünftige Vorhand und können

UNTERSTÜTZUNG DURCH DIE KRANKENKASSE

Die meisten Krankenkassen erstatten 80 Prozent eines Kurses mit zehn Stunden pro Jahr. Manche veranstalten sogar selbst Nordic-Walking-Kurse. Fragen Sie bei Ihrer Kasse nach: Prävention steht gerade hoch im Kurs.

NORDIC-WALKING-PARKS

In immer mehr attraktiven Ferienorten von der Nordsee bis zu den Alpen setzt man auf Nordic Walking. Spezielle Wege werden ausgewiesen, routinierte Trainer und Leihequipment stehen zur Verfügung. Adressen und Infos finden Sie auf Seite 117.

damit einen der Grundschläge. Die Rückhand wird aber noch nicht so richtig gelingen, ganz zu schweigen von Aufschlag, Slice oder Volley.

Zu Beginn ist es meist leichter, in einer Gruppe zu trainieren. Die Scheu, eine schlechte Figur abzugeben, fällt weg. Denn ganz bestimmt sind andere dabei, die genau dieselben Anfängerfehler machen wie Sie. Außer den Vereinen bieten heute auch immer mehr Fitness-Studios Nordic-Walking-Kurse an.

Ein starker Trend ist die neue Sportart zudem in vielen Ferienorten. Im Urlaub haben Sie mehr Zeit und die Gelassenheit, sich auf die ungewohnte Bewegung einzustellen. Neben dem netten Kontakt mit anderen Kursteilnehmern gibt es jede Menge Tipps von erfahrenen Trainern. Ein weiteres Plus: Sie können Stöcke ausleihen und testen, bevor Sie sich für ein eigenes Paar entscheiden.

Wer erst einmal Feuer gefangen hat, ist nur schwer wieder zu stoppen. Einer der größten Vorteile beim Nordic Walking ist, dass Sie schnell Erfolge spüren werden. Die Bewegung läuft rund, wo sie zunächst vielleicht etwas unbeholfen und eckig war. Sie werden kräftiger und dynamischer. Schon bald sind die positiven Veränderungen sichtbar – im Spiegel und auf der Waage. Versprochen.

GUTE STIMMUNG NACHGEWIESEN

In einer Studie der Universität von West Virginia liefen Versuchspersonen in der freien Natur, andere dieselbe Zeit auf dem Laufband. Die Naturläufer fühlten sich danach deutlich frischer und entspannter als die Hallenläufer. Die Stimmungsunterschiede ließen sich auch in der Hormonausschüttung nachweisen: Bei den Freiluftsportlern sank die Konzentration des Stresshormons Cortisol, während der Gehalt des Stimmungsaufhellers Noradrenalin anstieg.

Nordic Walking macht Spaß und gute Laune

Das sanfte Training macht Spaß. Rasch bekommt man einen schönen schnellen Schritt und walkt flott durch die Natur. Schon nach wenigen Stunden muss man nicht mehr auf die Technik achten, sondern wird offen für die Umgebung. Es ist ein stets neues Erlebnis, sich an der frischen Luft zu bewegen und die Düfte von Pflanzen, den Wind und die unterschiedlichen Wetterlagen wahrzunehmen. Damit sind Walking und Nordic Walking auch abwechslungreich: Kein Training ist wie das andere, selbst wenn Sie immer die gleiche Strecke gehen.

Die Natur ist der natürliche Lebens raum des Menschen, nicht die Fabrikhalle oder das Büro. Deswegen empfinden wir es als so angenehm, draußen zu sein. Wer mit dem Walken begonnen hat, kann sich oft nicht mehr vorstellen, im stickigen Studio zu trainieren.

Viele Sportlerinnen betonen, wie wohltuend sie diesen Kontrast und den Ausgleich finden. «Es ist ein Erlebnis, bei jedem Wetter draußen zu sein», sagt zum Beispiel Dr. Ursula Schröder-Höch, Allgemeinärztin in Hamburg und leidenschaftliche Walkerin. Sie hat außerdem festgestellt: «Ich fühle mich anschließend frischer, wacher und leistungsfähiger. Es ist wie ein Weckreiz auf das müde Großhirn. So bin ich abends wieder fit und noch in der Lage, etwas zu arbeiten.»

Diesen Effekt erleben viele Frauen aus meinen Walking-Gruppen. Manche haben nach dem Training am frühen Abend noch Lust auszugehen, andere freuen sich geradezu darauf, «eben einen Korb Wäsche wegzubügeln».

Beobachtungen, die von der Wissenschaft gerade wieder neu bestätigt wurden. Die bereits erwähnte Walking-Studie wurde zusätzlich vom Psychologischen Institut der Sporthochschule Köln begleitet. Sportpsychologe Dr. Jens Kleinert konnte bei den teilnehmenden Frauen dieselben «aktivierenden» Wirkungen des regelmäßigen Ausdauertrainings verzeichnen. Direkt nach dem Sport fühlten sich die Frauen «aktiver und eher bereit, noch etwas anzupacken», so Kleinert.

Drei Gründe sind dafür entscheidend. Zunächst die körperliche Komponente: Die sanfte Bewegung belebt, statt völlig zu erschöpfen. Die Natur und der Abstand vom Alltag bringen neue Motive und Gedanken. Und nicht zuletzt wirken die Gespräche mit den anderen Mitgliedern der Gruppe anregend.

Dieser Trend hielt über den ganzen Kurs hinweg an. Zweiter positiver Effekt: Die Teilnehmerinnen fühlten sich «sozial anerkannter und aufgehobener», wie Jens Kleinert ausführt. Sie kamen bereits mit einer besseren Stimmung zum Kurs. Letzteres ist ein Hinweis darauf, dass sich die Laune insgesamt gebessert hat.

Also: Wenn Sie am Anfang etwas skeptisch sind und nicht genau wissen, was Sie beim Sport erwartet, ist das völlig normal. Nach wenigen Wochen werden Sie sich sicherer fühlen und das Training genießen. Sie beginnen sich regelrecht darauf zu freuen, endlich wieder losgehen zu können.

Nach einigen Monaten ist das Training aus Ihrem Leben gar nicht mehr wegzudenken. Denn Walking und Nordic Walking machen Spaß und bringen gute Laune.

Nordic Walking gleicht Stress aus und löst Verspannungen

Viele der positiven Aspekte wirken zusammen, um den Stress des Alltags auszugleichen. Regelmäßiges Ausdauertraining macht ruhiger und gelassener, sorgt für tieferen Schlaf und dafür, besser abschalten zu können. Die Bewegung in der Natur erfrischt und beruhigt. Wir sehen die Landschaft, den Wechsel der Jahreszeiten und die langsame, harmonische Veränderung der Vegetation. Nordic Walking lässt sich ganzjährig betreiben, der Sport kann also zu unserem festen Ritual im Tagesverlauf werden.

Die gleichmäßige Bewegung der Arme sorgt dafür, dass sich Verspannungen in Schultern und Nacken lösen. Die intensive Durchblutung und Bewegung des oberen Rückens ist zudem genau der Ausgleich, den wir nach langen Stunden im Sitzen mit einseitiger Belastung (z. B. am Computer) brauchen. Beide Körperhälften werden harmonisiert.

Doch nicht nur Muskelverspannungen im oberen Rücken werden durch das Training gezielt bekämpft – auch Kopfschmerzen und Migräneattacken

NEUE HARMONIE

Wir sind Rechts- oder Linkshänder und beanspruchen niemals beide Seiten gleich. Das führt zu wenig harmonischen Haltungen: Das Zusammenspiel der Muskulatur funktioniert nicht mehr optimal. Beim Start im Anfängerkurs zeigt sich dann, wie unrund viele gehen. Mit den Trainingsstunden werden die Unterschiede zunehmend ausgeglichen.

treten weniger häufig auf. Damit haben wir eine gesunde und nachhaltige Hilfe gegen Schmerzen.

Nordic Walking ist eine ideale Sportart, um dem Stress des Alltags wirkungsvoll zu begegnen.

Das Equipment

– leicht und funktional

Viel ist es nicht, was Sie für das Nordic Walking anschaffen müssen. Vielleicht sind Sie bislang gejoggt oder gewalkt und haben bereits passende Schuhe und atmungsaktive Kleidung. Dann steht Ihrem Start in der neuen Disziplin nichts mehr im Wege. Sie brauchen nur noch ein Paar spezielle Stöcke.

Der flexible Stock

Gute Nordic-Walking-Stöcke sind leicht und aus einem Stück gefertigt. Idealerweise bestehen sie aus hochwertigem Carbonmaterial. Das ist nahezu unverwüstlich, widerstandsfähig und flexibel. Die Stöcke sind vibrationsarm und mildern den Aufprall auf dem Untergrund, anstatt die Stöße an die Hand-, Ellenbogen- und Schultergelenke zurückzugeben (was z. B. Alustöcke tun).

Die Stöcke werden durch eine spezielle Schlaufe mit dem Handgelenk verbunden, sie schwingen leicht und sicher mit. Die Handschlaufe ist so konstruiert, dass der Stock nicht wegrutscht, selbst wenn Sie die Hand öffnen. Fürs sportliche Nordic Walking sind solche Stöcke unverzichtbar. Weder herkömmliche Langlaufstöcke noch die Teleskopstöcke aus der Trekking-Abteilung können sie ersetzen.

Wer sich durch die Stöcke eher gehandicapt denn beflügelt fühlt, übt möglicherweise mit dem falschen Material. Bei unserem letzten Nordic-Walking-Workshop haben wir es einmal ausprobiert: Wir hatten gute Markenstöcke dabei, aber auch

TELESKOPSTÖCKE

Zum Bergwandern sind Teleskopstöcke in Ordnung. Sie lassen sich im Rucksack transportieren und bei Bedarf ausfahren. Durch die Gelenke sind Sie jedoch schwerer und wenig flexibel. Auch die Schlaufen sind fürs dynamische Nordic Walking nicht geeignet.

Teleskopvarianten und Billigmodelle vom Discounter. Jede der fünfzehn Walkerinnen konnte verschiedene Paare ausprobieren. Und siehe da: Jede hätte sich auch ohne unsere Erklärungen für die guten einteiligen der Markenhersteller entschieden.

Mit den Sparvarianten machen Sie sich keine Freude. Meist haben sie ein Gelenk in der Mitte, da der Discounter natürlich nur bei einer einzigen Größe (und einem einzigen Modell) so billig einkaufen kann. Die Schlaufensysteme lassen sich gar nicht oder nicht sicher verstellen. Die Dinger liegen schlecht in der Hand und schwingen nicht mit. Stöße werden nicht abgedämpft, sondern zurückgegeben. Und wenn Sie die Billigheimer irgendwann in die Ecke werfen, um sich dann doch «richtige» Stöcke anzuschaffen, haben Sie nichts gespart – im Gegenteil.

Mehrtägige Radtouren machen mit einem leichten Trekking-Bike auch deutlich mehr Spaß als mit einem schweren Holland-Rad. Also gehen Sie direkt in ein gutes Sportgeschäft und lassen Sie sich dort beraten. Probieren Sie mehrere Modelle aus, gehen Sie ein Stück damit (das wird man Ihnen ohnehin empfehlen) und erspüren Sie selbst, welcher Stock Ihnen am besten in der Hand liegt und am leichtesten folgt.

Griff und Schlaufe

Griffe und Handschlaufen sind ergonomisch geformt. Die Schlaufen bestehen aus weichem Textilmaterial und können auf verschiedene Handgrößen

DIE MUSKELPUMPE

Wie in den Beinen («Venenpumpe») gibt es eine Art Muskelpumpe in den Armen. Sie funktioniert über den Wechsel von Anspannung und Entspannung in der Hand-, Arm- und Schultermuskulatur. Damit wird der Stoffwechsel angeregt, und Verspannungen lösen sich.

Leihstöcke **Bei Nordic-Walking-Schulen und in guten Sportgeschäften (z.B. «Laufwerk» in Hamburg) können Stöcke ausgeliehen werden. Damit haben Sie die Möglichkeit, Ihr Wunschmodell zunächst in der Praxis zu testen, bevor Sie sich entscheiden.**

tipp

eingestellt werden. Das ist wichtig, denn ab und zu wollen Sie vielleicht mit Handschuhen walken. Durch die Schlaufe wird der Stock an der Hand fixiert und kann sich nicht lösen, selbst wenn die Hand geöffnet wird. Das Öffnen der Hand bei jedem Schritt ist wichtig und entscheidend für die freie Blutzirkulation und das Funktionieren der Muskelpumpe.

Gute Stöcke werden bereits von mehreren Markenherstellern angeboten. Zum Beispiel von der finnischen Firma Exel, der norwegischen Firma Swix und der Schweizer Firma Leki. Die Stöcke unterscheiden sich im

WER HAT'S ERFUNDEN?

Sicher ist, dass Nordic Walking aus Skandinavien kommt. Sowohl in Norwegen als auch in Finnland hat man bereits jahrzehntelang mit dem «Skigang» experimentiert, einem Sommertraining für Skilangläufer. Doch erst im Frühjahr 1997, nach der Entwicklung von brauchbaren Stöcken, wurde Nordic Walking in Finnland als eigenständige Fitness-Sportart vorgestellt.

Wesentlichen durch die Schlaufensysteme.

Bei Swix haben Sie eine breite Handschlaufe, die etwa wie ein Fahrradhandschuh angezogen wird. Bei Exel stecken Sie erst die ganze Hand von unten durch die Schlaufe und greifen dann von oben zu. Und Leki bietet eine Mischung von beiden Varianten. Probieren Sie einfach aus, was Ihnen am ehesten zusagt.

Beim Griff können Sie zwischen robustem Kunststoffmaterial und Kork wählen. Ersteres ist preiswerter und langlebiger, Letzteres angenehmer in der Hand. Doch auch diese Entscheidung ist in erster Linie Geschmacksache.

Egal, ob mit Kork oder Kunststoff, von Swix oder Exel: Gute Stöcke beginnen in der Preisklasse ab 79 Euro.

Die passende Länge

Nordic Walking ist eine junge Sportart. Technik und Material werden laufend verbessert, durch viele Tausende Sportlerinnen und Sportler und den Zuwachs an Erfahrung ändert sich noch so manches Detail. So gab man bislang als Formel zur Bestimmung der passenden Stocklänge an: Körpergröße mal 0,70.

Inzwischen hat sich ein etwas kürzerer Stock als besser erwiesen. Die neue Formel lautet: Körpergröße mal 0,66. Anders ausgedrückt: Die Stocklänge sollte zwei Drittel der Körpergröße betragen. Da es die Stöcke nur in Abstufungen von jeweils fünf Zentimetern gibt, müssen Sie meist auf- oder abrunden. Sportliche Nordic Walkerinnen greifen eher zu etwas längeren, wer gerade erst anfängt oder ein eher gemütliches Tempo vorzieht, nimmt kürzere Stöcke.

Ein gutes Maß haben Sie auch, wenn Sie einen Stock in die Hand nehmen und gerade aufsetzen. Beträgt der Winkel zwischen Ober- und Unterarm dann etwa 90 Grad, ist die Länge okay. Zur Bestimmung der richtigen Länge finden Sie hier zusätzlich eine Grafik.

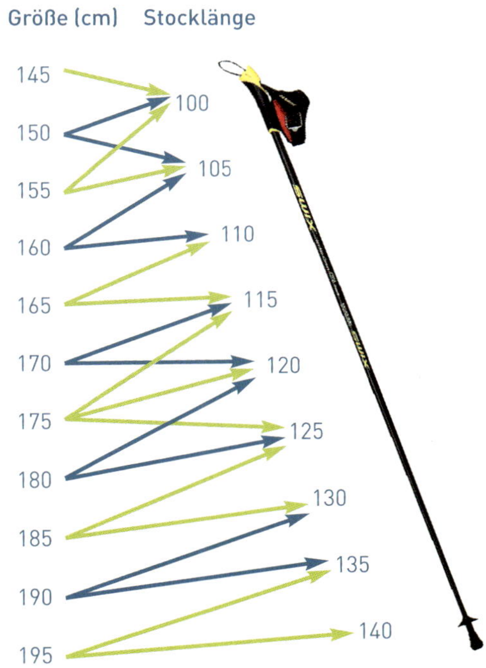

Spitzen und Asphaltpads

Während der Stock selbst nahezu unverwüstlich ist, unterliegen die Stockspitzen einem gewissen Verschleiß. Bei regelmäßigem Training auf eher weichem Untergrund sind die Stahlspitzen nach etwa eineinhalb bis zwei Jahren abgestoßen. Sie werden rund und der Bodenkontakt verschlechtert sich, Sie können sich nicht mehr optimal abdrücken. Dann wird es Zeit, im Fachhandel ein Paar neue Spitzen zu besorgen.

Wer hingegen häufig auf Asphaltpisten unterwegs ist, braucht ab und an ein Paar neue Gummipads. Diese Pads werden zum Schutz der Spitzen mitgeliefert, sie dämpfen aber auch das Klackern der Metallspitzen auf hartem und steinigem Untergrund. Auch dies ist ein Argument für Markenstöcke: Verschleißteile können Sie austauschen, ohne sich gleich von dem ganzen guten Stock verabschieden zu müssen.

Checkliste Stöcke

Der richtige Nordic-Walking-Stock

- ➜ ist aus einem Stück
- ➜ schwingt gut mit
- ➜ ist aus leichtem Carbonmaterial
- ➜ dämpft Stöße ab
- ➜ liegt angenehm in der Hand
- ➜ hat verstell- und fixierbare Schlaufen
- ➜ bleibt in der Hand, auch wenn diese geöffnet ist
- ➜ hat auswechselbare Spitzen
- ➜ hat zusätzlich Asphaltpads

Der optimale Schuh

Zweiter wichtiger Baustein Ihrer Ausrüstung sind die Schuhe. Sie brauchen ein Paar stabile und gut sitzende Sportschuhe. Das können Jogging- oder Walking-Schuhe sein, je nach Gelände auch Cross-Country- oder Trail-Schuhe. Wichtig ist, dass Ihr Fuß stabil geführt wird, der Auftritt gedämpft wird und Sie dennoch leicht abrollen können. Außerdem sollten Ihre Schuhe ein griffiges Profil haben, damit Sie auch bei Regen und Matsch nicht wegrutschen.

Sowohl für Walking- als auch für Jogging-Schuhe gibt es gute Argumente. Spezielle Walking-Schuhe haben eine abgeschrägte Ferse für einen sicheren Auftritt und Beugungsrillen in der Sohle für leichtes Abrollen. Sie sind in Farbe und Design unauffälliger als Jogging-Schuhe, sodass sie sich auch gut für Alltagsrunden eignen. Das Obermaterial ist häufig aus robustem Leder. Damit bleiben Ihre Füße selbst bei einem längeren Training im Regen trocken.

Damit sind sie natürlich nicht so gut belüftet wie Jogging-Schuhe. Wer leicht schwitzt oder häufig in wärmeren Gegenden unterwegs ist, kombiniert besser Jogging-Schuhe mit atmungsaktiven Laufsocken aus Funktionsfasern. Ein weiterer Nachteil der Walking-Schuhe: Sie sind etwas schwerer und weniger flexibel. Ambitionierte Walkerinnen, die vielleicht auch an Wettkämpfen teilnehmen möchten, werden sich deshalb mindestens ein zweites leichteres Paar anschaffen wollen.

Doch egal, ob Sie ein Walking- oder Jogging-Modell bevorzugen: Entscheidend ist die Passform. Besonders in höheren Gewichtsklassen ist gut sitzendes, stabiles Schuhwerk unbedingt erforderlich. Fußfehlstellungen sollten ausgeglichen werden, der Fuß möglichst gerade stehen und sicher geführt werden. Natürlich sind die Sohlen gedämpft, um den Auftritt abzufedern.

Die beste Beratung und die geduldigsten Verkäufer finden Sie in speziellen Laufläden. Zunächst werden Sie gefragt, was Sie mit den Schuhen vorhaben, wie oft und wo Sie bevorzugt walken. Nach und nach werden Sie

NORDIC WALKER

Von mehreren Firmen wurden inzwischen spezielle «Nordic Walker» entwickelt. Sie sind noch etwas stabiler als die normalen Walking-Schuhe. Eine einheitliche Linie der Firmen zum Thema Nordic Walking gibt es aber bislang nicht.

STARKE GELENKE

Auch Ihre Fußgelenke werden bei regelmäßigem Training kräftiger, da sich Muskulatur, Sehnen und Bänder anpassen. Deshalb sollten Sie keine knöchelhohen Trekking-Schuhe anziehen. Sie verschenken sonst diesen positiven Trainingseffekt und können außerdem weniger gut abrollen.

sich mit dem Verkäufer oder der Verkäuferin an das optimale Modell herantasten. Sie gehen damit ein Stück, auf einer Probierstrecke im Laden oder auf dem Laufband. Manchmal wird Ihr Auftritt auch mit Hilfe einer Videokamera überprüft. Deshalb sollten Sie für den Sportschuhkauf rund eine Stunde Zeit einplanen.

Eine gute Hilfe ist es, wenn Sie Ihre alten Walking-Schuhe mitbringen. An der Art, wie sie abgelaufen sind, erkennen erfahrene Verkäufer, wo Ihre Füße mehr Unterstützung brauchen. Weitere Tipps finden Sie in unserer Checkliste.

Das Einmaleins des Sportschuhkaufs

- → **Kaufen Sie die Schuhe nachmittags oder abends. Dann hat sich Ihr Fuß ein wenig ausgedehnt, so wie es auch beim Walken der Fall sein wird.**
- → **Probieren Sie die Schuhe mit passenden Socken. Ideal sind spezielle Laufsocken, die sich in rechte und linke Exemplare unterscheiden und besonders flache Nähte haben.**
- → **Nehmen Sie sich bei der Auswahl der Schuhe Zeit. Tragen Sie die Schuhe einige Minuten, gehen Sie herum, wenn möglich auch auf der Straße.**
- → **Wählen Sie die Schuhe nur nach der Passform aus. Design oder Preis sind zweitrangig. Wichtig ist, dass die Schuhe angenehm sitzen und Ihren Sportgewohnheiten entsprechen.**
- → **Fragen Sie nach Damenmodellen. Sie sind in der Ferse schmaler geschnitten und besitzen eine weicher abgestimmte Dämpfung. Es gibt Marken (z. B. Rykä), die nur für Frauen arbeiten.**
- → **Wer einen sehr schmalen oder sehr breiten Fuß hat, ist mit Schuhen gut bedient, die in verschiedenen Weiten angeboten werden (z. B. von New Balance).**
- → **Die Zehen müssen ausreichend Platz haben. Zum Testen: Wenn Sie bei offenen Schnürbändern ganz nach vorne rutschen, ist hinten an der Ferse noch Raum für einen ganzen Daumen.**
- → **Rechnen Sie bei Sportschuhen mindestens mit einer Größe mehr, auch wenn das am Fuß erst mal ungewohnt aussieht. Kaufen Sie sie nicht zu klein, Sie gehen damit schließlich nicht auf den Laufsteg.**
- → **Suchen Sie so lange, bis Sie ein passendes Paar gefunden haben. Machen Sie keine Kompromisse. Die Schuhe müssen sich sofort angenehm tragen.**

Für ein Paar gute Sportschuhe müssen Sie rund 100 Euro ausgeben. Günstiger sind nur Auslaufmodelle oder Restpaare in ungewöhnlichen Größen. Ein Profi-Trick ist, auf Laufmessen nach Schuhen zu suchen. Doch da müssen Sie schon sehr genau wissen, was Sie haben wollen.

Sparen Sie auf keinen Fall an den Schuhen und gönnen Sie sich direkt ein Paar passende Laufsocken dazu. Der Vorteil der Investition: Gute Laufschuhe motivieren, oft loszugehen! Wer olle Treter hat, die sowieso nie richtig gepasst haben, erliegt viel eher der Versuchung, sie in der Ecke stehen zu lassen.

Pflege und Wartung

Wer einmal ein tolles Paar Schuhe hat, kann sich oft nur schwer wieder davon trennen. Doch leider unterliegen Sportschuhe dem Verschleiß. Das Material ermüdet mit den Kilometern, die Sohle verliert ihre Dämpfungseigenschaften. Bei vielen Modellen leidet zusätzlich die Stabilität. Gute Pflege vorausgesetzt, halten Lauf- oder Walking-Schuhe – bei zwei bis drei Trainingsterminen in der Woche – etwa ein Jahr. Wer nur ein- bis zweimal wöchentlich damit losläuft, kann sich maximal zwei Jahre an seinem Paar freuen. Dass die Schuhe ihren Dienst getan haben, merken Sie beispielsweise daran, dass sich Straßen und Gehwege härter anfühlen als zuvor. Wenn Sie in der Gruppe trainieren, können Sie auch einmal eine Mitwalkerin bitten, auf Ihre Schuhe zu achten: Stehen Sie noch gerade und gut geführt? Oder rutschen Sie vielleicht bei jedem Schritt ein wenig zur Seite weg? Dann ist es höchste Zeit, die Schuhe zu wechseln. Im Zweifel sind Ihre Füße kostbarer.

Stecken Sie Ihre Sportschuhe bitte niemals in die Waschmaschine. Das Material leidet völlig unnötig. Sportschuhe müssen nicht blütenrein sein, nur hygienisch sauber und vor allem trocken. Und das erreichen Sie so: Wenn sie nass geworden sind, stopfen Sie sie mit Zeitungspapier aus. Nach einigen Stunden nehmen Sie das Papier heraus und lassen die Schuhe offen an der Luft trocknen (nicht auf der Heizung). Schlamm und Staub bürsten Sie dann einfach ab.

Ab und an können Sie Ihre Schuhe mit milder Seifenlauge und einer weichen Bürste reinigen – danach wie beschrieben trocknen lassen. Das komplette Austrocknen ist entschei-

Laufsocken kaufen!

Gute Sportschuhe und Socken bilden ein perfektes Team. Die Socken (z.B. von Falke, Rohner oder Rono) passen durch rechte und linke Exemplare perfekt, sie verrutschen nicht und schlagen keine Falten. Sie sind aus modernen Funktionsfasern und halten die Füße trocken, selbst bei Regen oder nassen Wiesen. Mit unterschiedlichen Stärken sind Sie für jede Jahreszeit gerüstet.

WECHSELSPIEL

Am besten ist es, direkt zwei Paar Schuhe mit unterschiedlichem Sohlenprofil anzuschaffen. So können Sie je nach Wetter und Laufstrecke wechseln, und jedes Paar kann immer vollständig austrocknen. Langfristig gesehen kommt Sie das zweigleisige Verfahren auch nicht teurer zu stehen, da sich der Verschleiß auf beide Paare verteilt und damit praktisch halbiert.

dend, um Fußpilz vorzubeugen, denn er gedeiht nur in feuchtem Milieu. Wer darunter leidet, sollte unbedingt zwei Paar Schuhe zum Wechseln anschaffen. Außerdem sollten Sie natürlich nicht nur Ihre Füße gut behandeln (zwei Wochen regelmäßig mit Antipilz-Gel eincremen), sondern auch die Schuhe mit speziellem Fußpuder ausstäuben (z. B. von Canesten).

Die passende Kleidung

Zuerst die guten Nachrichten: Es gibt inzwischen für alle Größen und Figuren wunderbare Sportkleidung. Speziell im Women-Cut geschnitten, passt sie ideal, ist schick und ganz leicht. Sie hält die Haut warm und trocken, leitet den Schweiß nach außen ab, ohne Wind oder Feuchtigkeit (Regen, Schnee) nach innen durchzulassen. Derartige Wunder vollbringen die neuen Hightech-Materialien. Diese hochwertigen Sportsachen halten (im Gegensatz zu den Schuhen) wirklich jahrelang. Und nun die schlechte Nachricht: Leider sind sie teuer.

Doch wer sich beim Nordic Walking richtig wohl fühlen möchte, baut auf die modernen Fasern. Wichtig dabei: Fangen Sie mit dem an, was Ihnen buchstäblich am nächsten ist. Also erst mal funktionale Unterwäsche kaufen, die die Haut trocken und warm hält. Baumwolle ist dafür nicht geeignet. Wenn diese nass wird,

Sportsachen auf links waschen! **Die Laufsocken werden am besten sauber, wenn Sie sie vor der Wäsche auf links drehen. Auch die Sportkleidung waschen Sie am besten linksherum und mit mildem Waschmittel: Das schont Leuchtstreifen und Aufdrucke.**

tipp

bleibt sie nass und fühlt sich schnell klamm an.

Slip und Hemd sollten aus weichem Funktionsmaterial gefertigt sein und extra flache (oder gar keine) Nähte haben. Wer einen kleinen Busen hat, fühlt sich in einem Bustier gut aufgehoben. In luftige Shirts oder Tops für den Sommer ist oft ein BH eingearbeitet. Frauen mit stärkerem Busen sollten jedoch auch beim Nordic Walking einen Sport-BH tragen. Die breiten Träger sind hinten gekreuzt, wodurch der Rücken entlastet wird. Wichtig ist ein breiter und fester Bund, der sich trotz der Bewegung nicht einrollt. Am Anfang ist der feste Sitz ungewohnt, aber sobald Sie schwungvoll unterwegs sind, wird es angenehm. «Da wackelt nix» heißt die BH-Linie eines Sportausrüsters (Warm Sports). Der Name ist Programm.

Wenn Sie mit dem Pulsmesser walken möchten, können Sie sich auch einen Sport-BH mit einem speziellen Platz für den Sender kaufen (z. B. von Triumph).

Darüber tragen ambitionierte Nordic Walkerinnen je nach Jahreszeit ein Kurz- oder Langarm-Shirt, wieder aus Funktionsmaterial. Praktisch ist ein Reißverschluss am Hals, der bei einer kühlen Brise geschlossen werden kann. Die passende Hose ist eine Geschmacks- und Figurfrage. Etwas molligere Sportlerinnen mögen auch im Sommer lieber knielange oder lange Hosen, die es aus leichtem, hellem Material gibt. Das ist doppelt

BAUMWOLLE ERST NACH DER DUSCHE

Für Handtücher ein ideales Material. Doch im Sport ist Baumwolle definitiv out. Warum wohl brauchen Baumwollsachen auf der Leine am längsten, um trocken zu werden? Sie geben die Feuchtigkeit nur schwer wieder ab.

EDELMETALL

Coolmax oder Supplex heißen die Fasern, die den Schweiß nach außen ableiten. Die neueste Entwicklung bei den Sportfasern ist eine zusätzliche antibakterielle Ausstattung: Eingewirkte Silberfäden sollen die Geruchsbildung verhindern.

EXTRAS FÜR XXL-SPORTLERINNEN UND SCHWANGERE

Auch für starke Figuren gibt es besondere Sporthosen: «Oversize line» heißt die extra weite Linie von Shirts und Hosen. Die «Mama-Büx» dagegen hat schmale Beine und am Bauch einen unterstützenden Miedereinsatz. Damit können auch Schwangere noch lange walken (beides von Warm Sports).

praktisch: Denn Stechmücken kommen da nicht durch, und im Winter wärmen innen angeraute Thermohosen die Beine.

Darüber – Jacken gegen Wind und Wetter

Wer flott unterwegs ist, kommt an trockenen Tagen oft mit einer Weste klar: Die Arme bleiben frei und beweglich, was beim schwungvollen Nordic Walking wichtig ist. Leichte Laufwesten sind selbst im Sommer angenehm, sie schützen an windigen Tagen vor Auskühlung. Wärmere Westen leisten im

Herbst und an kalten Frühjahrstagen gute Dienste.

Doch bei Regen, Sturm und Schnee hilft alles nichts. Sie brauchen eine Jacke. Inzwischen gibt es Modelle, die sowohl atmungsaktiv als auch regendicht sind und extra windstoppende Eigenschaften haben (z. B. von Concurve, Nike oder Odlo). Gerade in windigen Gegenden machen sie sich sicher bezahlt. Gute Laufjacken haben außerdem fluoreszierende Streifen, mit denen Sie im Dunkeln besser gesehen werden.

Ihre Laufjacke sollte genügend Armfreiheit bieten, sodass Sie die Arme bequem schwingen können. Aber sie soll nicht um Sie herumflattern. Also probieren Sie auch bei der Jacke so lange, bis Sie das für Sie optimale Modell gefunden haben. Achten Sie auf spezielle Frauenschnitte. Im Laufshop werden Sie garantiert fündig.

Wie warm ist warm?

Gerade Anfängerinnen finden es oft schwierig, die richtige Auswahl fürs Training zu treffen, sich also nicht zu warm und nicht zu dünn anzuziehen. Dazu eines: Bewegung erzeugt Wärme. Ihr Stoffwechsel läuft auf Hochtouren und Sie verbrennen reichlich Kalorien. So ist es beim Sport (genau wie beim Sex) ganz normal, dass Sie schwitzen. Das ist die natürliche Reaktion unseres Körpers auf die Bewegung. Und Schwitzen ist gesund. Es reguliert unsere Körpertemperatur, denn die Verdunstungskälte, die durch den Schweiß entsteht, schützt vor Überhitzung. Je öfter wir

Sinnvoll sparen **Ein guter Kompromiss für preisbewusste Sportlerinnen: Manche Laufjacken haben Ärmel, die Sie herauszippen können. Damit kaufen Sie ein Teil fürs ganze Jahr.**

Shirt zum Wechseln mitnehmen **Wenn Sie nach dem Training zunächst noch längere Zeit im Auto sitzen müssen, sollten Sie dort ein trockenes T-Shirt zum Wechseln parken. Eventuell auch ein warmes Fleece zum Überziehen. Dann gilt: Schnell raus aus den feuchten Sachen, bevor Sie auskühlen.**

ins Schwitzen kommen, desto besser funktioniert das System. Wichtig ist nur, dass die Feuchtigkeit abziehen kann und nicht innen an der Jacke kondensiert, wie in einen schlecht gelüfteten Zelt.

Also glauben Sie nicht, Sie seien zu warm angezogen, wenn Sie während des Trainings ins Schwitzen kommen. Berechnen Sie diesen Effekt einfach mit ein. Die Faustregel lautet: Sie sind richtig angezogen, wenn Sie zu Beginn des Trainings leicht frösteln. Über die Strecke werden Sie sich dann wohl fühlen.

Wer in gute Sportsachen investiert, hat doppelt Freude. Sie sind damit nicht nur fürs Nordic Walking perfekt eingepackt, sondern werden sich auch bei allen anderen Aktivitäten im Freien wohler fühlen. Vielleicht fahren Sie gerne Rad, gehen zum Paddeln oder im Winter zum Langlaufen. Aber auch wenn Ihre Alternative einfach das gemütliche Spazierengehen ist: Auch dafür sind Ihre neuen Laufsachen bestens geeignet.

Nützliche Accessoires

Sowohl für den Sommer als auch für den Winter gibt es einige Accessoires, die das Nordic Walking noch schöner machen – wie zum Beispiel spezielle Handschuhe, die passend von den großen Stockherstellern angeboten werden. Sie liegen eng an, sind aus weichem Nylongewebe und an den Innenseiten mit einem Antirutschstoff verstärkt. Ideal für Sportlerinnen mit empfindlichen Händen. Im Winter dürfen es natürlich auch andere Modelle sein, am besten aus verstärktem Synthetic-Fleece. Ich habe ein Paar, das ursprünglich fürs Langlaufen gedacht war und sich prima eignet.

Die meiste Wärme geht an kühlen Tagen über den Kopf verloren. Deshalb sollten Sie Ihren wichtigsten Körperteil mit einer warmen Mütze schützen. Praktisch sind Fleece-Modelle mit Schirm, die speziell von Brillenträgerinnen bei Regen oder Schnee sehr geschätzt werden.

Im Winter kommen Sie um ein Training bei Dunkelheit meist nicht herum. Auch dann sollten Sie gut sehen und vor allem gesehen werden. Ein prima Accessoire ist eine Stirnlampe mit rotem Rücklicht, die bequem über der Mütze getragen werden kann (z. B. von Sporteye.)

Im Sommer wiederum hält eine leichte Schirmmütze allzu viel Sonne ab. Zusätzlich kann eine Sportbrille sinnvoll sein. Eine gute Sportbrille besteht aus robustem Kunststoff und schützt die Augen vor Sonne und Wind.

SPORTBRILLE

Eine spezielle Sport-Sonnenbrille ist eine lohnende Investition, denn sie sieht nicht nur cool aus, sie schützt auch Ihre Augen zuverlässig. An den Seiten sollte sie gut abschließen und dennoch ausreichend Platz für die Wimpern lassen (z.B. durch einen verstellbaren Nasensteg zu regeln).

Auch beim Fahrradfahren ist sie praktisch!

Unentbehrlich für Sportlerinnen, die länger unterwegs sein wollen, ist ein Trinkgürtel. Darin können Sie entweder eine dicke Trinkflasche verstauen oder mehrere kleine. Beim Walking stört der Gürtel kaum, und Sie haben stets einen Schluck Wasser zur Hand. Extrafächer nehmen Schlüssel und Taschentücher auf, im Zweifel auch einen Notgroschen und/oder ein Handy. Letzteres ist besonders wichtig, wenn Sie schwanger sind: Dann kann ein Heimweg manchmal überraschend lang werden.

Wichtig im Sommer ist außerdem ein Sonnenschutzmittel. Es sollte wasserfest sein, damit es wirksam bleibt, auch wenn Sie schwitzen. Cremen Sie sich rechtzeitig vor Ihrer Runde damit ein.

Am Abend macht sich ein Mückenschutz bezahlt. Einige der Mittel wirken auch gegen Zecken, die in manchen Regionen (z. B. Baden-Württemberg) gefährliche Krankheiten übertragen können. Übrigens: Bevor sich die Biester einnisten, krabbeln sie meist an eine besonders weiche Stelle, zum Beispiel in die Achselhöhle oder unter die Brust. Wer sich also nach dem Training gründlich absucht, kann die Zecken oft noch entfernen, bevor sie Unheil anrichten.

Mit all dieser Vorsorge sind Sie nun bestens präpariert – Ihrem erfolgreichen Start steht nichts mehr im Wege.

Die perfekte Kleidung

- ➜ **ist weich auf der Haut: Unterwäsche aus Funktionsmaterial**
- ➜ **Top mit integriertem Bra oder spezieller Sport-BH**
- ➜ **Laufshirt je nach Temperatur**
- ➜ **Shorts oder Tights**
- ➜ **Weste oder Laufjacke an kalten Tagen**
- ➜ **Handschuhe und Mütze im Winter**
- ➜ **Trinkgürtel bei Hitze**
- ➜ **Extra im Sommer: Sonnen- und Mückenschutz!**

Die Technik

– gibt richtig Schwung

Das A und O beim Nordic Walking ist die Technik. Es lohnt sich, sie gründlich zu erlernen. Denn nur mit der richtigen Technik kommen Sie in den Genuss aller Vorteile der neuen Fitness-Sportart.

Der einfache Start

Wer bislang schon gewalkt ist oder im Winter zum Skilanglaufen geht, kann es meist auf Anhieb: Sie bewegen jeweils das linke Bein und den rechten Arm beziehungsweise das rechte Bein und den linken Arm nach vorne. Arme und Beine laufen also gegenläufig in einer diagonalen Achse.

DEN RHYTHMUS FINDEN

Wenn Sie aus dem Takt kommen, gehen Sie wieder einen Schritt zurück: Nicht auf die Stöcke achten, sondern einfach locker mitschwingen lassen.

Die Bewegung ist ganz natürlich und entsteht aus der Pendelbewegung der Arme. Und so lernen Sie sie auch:

- Ziehen Sie die Handschlaufen fest und gehen Sie los. Genau so wie beim Spaziergang, ganz entspannt und mit lockeren Schultern. Die Stöcke folgen Ihnen, beachten Sie sie zunächst einfach nicht (s. Foto S. 44 links).
- Ganz von alleine werden Ihre Arme nun beginnen, beim Gehen mitzuschwingen. Lassen Sie sie schwingen und nehmen Sie diese Bewegung wahr. Nun verstärken Sie diese Bewegung, die Arme schwingen deutlicher mit. Noch benutzen Sie die Stöcke nicht aktiv (s. Foto S. 44 rechts).
- Lassen Sie Ihre Schritte länger werden: Setzen Sie den Fuß mit der Ferse auf und rollen Sie über die ganze Sohle ab. Zum Schluss geben Sie einen letzten Schwung mit den Fußballen.
- Walken Sie weiter wie oben beschrieben. Doch jetzt geben Sie mit dem Stock einen Akzent, er setzt zusammen mit dem jeweils anderen Fuß auf. Gewöhnen Sie sich eine Zeit lang an diese Bewegung (s. Foto links unten).
- Setzen Sie nun die Stöcke aktiv ein. Versuchen Sie Arm- und Beinbewegungen wirkungsvoll miteinander zu kombinieren. Geben Sie Druck auf den Stock, sobald er hinter dem Körper ist. Die Arme sind dabei fast gestreckt, der Schritt ist lang.
- Die Arme bleiben fast gestreckt und laufen weit nach hinten. Öffnen Sie zuletzt die Hände, um den Arm mit lockerer Hand wieder nach vorne zu schwingen (s. Foto rechts unten).

Der letzte Punkt ist der schwierigste und bedarf einiger Übung. Seien Sie nicht enttäuscht, wenn das Öffnen der Hand nicht auf Anhieb klappt. Oft ist man auch mit einer Hand geschickter als mit der anderen. Mit der Zeit werden Sie auch dieses wichtige Detail erlernen.

Als Anfängerin werden Sie sich zunächst auf die gute Stockführung konzentrieren: Stock weit nach hinten laufen lassen, Hand öffnen, entspannt nach vorne schwingen und wieder greifen. Ein Tipp: Achten Sie etwa zehn Minuten lang nur auf eine Seite, dann weitere zehn Minuten nur auf die andere.

Mit den Walking-Runden können Sie immer neue Schwerpunkte setzen. Sobald Ihnen die Koordination keine Mühe mehr bereitet, achten Sie doch einmal verstärkt auf Ihre Haltung: Gehen Sie königlich, groß und mit «offenem» Brustkorb? Auch wenn der Oberkörper nach vorne gebeugt ist, darf er doch nicht in sich zusammengesunken sein.

Wie setzen Sie Ihre Füße auf? Gerade in Laufrichtung? Rollen Sie gut nach vorne ab? Wie groß sind Ihre Schritte? Sie sollten weit und ausgreifend sein, etwas länger als beim normalen Walking.

Viele Punkte, die zusammen die dynamische Nordic-Walking-Technik ausmachen. Etwa zehn Termine sollten Sie sich gönnen, bis Sie leicht, rund und flüssig mit den Stöcken laufen können.

Zum Selberlernen und zur Erinnerung finden Sie die perfekte Technik im Überblick auf den nächsten Seiten.

AN- UND ENTSPANNUNG

Das Öffnen und Schließen der Hand ist wichtig, sowohl für das Training als auch für die Entspannung der Schulter- und Nackenmuskulatur. Die Bewegung lässt sich vergleichen mit dem Armschwung beim Kraulschwimmen: Sie ziehen kräftig nach hinten (Anspannung) und schwingen dann den Arm wieder locker nach vorne (Entspannung). Nur durch diesen Wechsel können Sie effektiv trainieren und längere Zeit durchhalten.

Workshop buchen!

Es eine gute Idee, die Technik in einem Kurs oder Workshop zu erlernen. Gemeinsam macht es mehr Spaß, und Fehler lassen sich vermeiden, bevor sie zur Gewohnheit werden (Adressen auf Seite 117).

tipp

Die Nordic-Walking-Technik im Überblick

1. Die Schultern sind tief, die Schulterblätter ziehen leicht nach hinten.
2. Der Blick ist nach vorne gerichtet, der Nacken entspannt.
3. Der Brustkorb ist vom Brustbein aus aufgerichtet, der Oberkörper hat eine leichte Vorlage. Bei jedem Schritt rotiert er gegen das Becken.
4. Die Arme sind fast gestreckt.
5. Die Stöcke werden eng am Körper geführt und zeigen immer schräg nach hinten.
6. Die Stockspitze setzt etwa auf Höhe der Hacke des vorderen Fußes auf.
7. Der Arm wird weit nach hinten geführt, die Hand hinten geöffnet.
8. Das Knie des vorderen Beines ist beim Aufsetzen leicht gebeugt.
9. Der Fuß wird zuerst mit der Ferse aufgesetzt und über die ganze Sohle abgerollt.
10. Die Fußspitzen zeigen in Gehrichtung.

Typische Fehler, rasch behoben

Recht lustig anzuschauen ist der Passgang: rechtes Bein mit rechtem Stock und links mit links. Manchmal fällt man aus Versehen in den falschen Trott, merkt aber schnell, dass etwas nicht stimmt. Gehen Sie zurück auf «Los», setzen Sie nochmal neu ein – und schon klappt es wieder. Neben diesem ganz offensichtlichen Fehler gibt es aber noch ein weites Feld an Möglichkeiten. Hier die wichtigsten, zusammen mit der passenden Korrektur.

Die Arme bleiben vorne

«Jetzt hab ich schon so schöne Stöcke, da möchte ich sie auch die ganze Zeit sehen!» So etwa scheint das Motto vieler Nordic-Walking-Neulinge zu lauten. Der Oberkörper wird steif und fest gehalten, bewegt werden nur die Unterarme statt der ganzen Arme. Die Arme sind stets vor dem Körper (s. Foto rechts).

So machen Sie es besser:

Lassen Sie die Bewegung durchlaufen. Ziehen Sie den Stock an den Hüften entlang weit nach hinten: Dort spielt die Musik. Machen Sie öfter mal die Paddelübung (Seite 72) und den Model-Gang (Seite 73), damit Ihr Oberkörper beweglicher wird.

Alles fest im Griff

Der Handgriff wird fest umklammert. Die Spannung setzt sich dann bis in Schultern und Nacken fort und verursacht oder verstärkt Verhärtungen. Anstatt sie zu lösen, was mit der richtigen Technik durchaus möglich ist (s. Fotos S. 51).

So machen Sie es besser:

Lassen Sie die Hände bewusst locker, laufen sie eine Zeit lang nur mit komplett geöffneten Händen. Keine Angst, die Stöcke gehen nicht verloren.

GUTER AUSGLEICH FÜRS BÜRO

Erst der Teil des Armschwunges, der hinter der Hüfte stattfindet, bringt den wirklichen Segen für den Oberkörper. Dadurch öffnet sich der Brustkorb und wir haben einen idealen Ausgleich zum vielen Sitzen mit nach vorne gebeugten Armen.

Ganz entspannt

Im Gegensatz zur letztgenannten Variante öffnen manche Walkerinnen die Hand schon auf Höhe der Hüfte, statt ganz hinten im letzten Moment des Armschwunges. Das sieht zwar locker aus, verschenkt aber die Wirksamkeit des Abdrucks und damit einen Teil des Trainingseffekts.

So machen Sie es besser:

Lassen Sie die Bewegung ganz nach hinten durchlaufen. Je weiter der Arm nach hinten geht, desto stärker wird der Druck: Versuchen Sie aus dem Zweirad- einen wirksamen Vierradantrieb zu machen.

Die Banane

Manche Walkerinnen gehen eher rund und krumm, anstatt aufgerichtet und groß. Knie- und vor allem Hüftgelenke sind stets zu weit gebeugt. Der Oberkörper ist rund, die Schultern zeigen nach vorne.

So machen Sie es besser:

Richten Sie sich auf! Lassen Sie sich von einem unsichtbaren Marionettenspieler am Scheitel nach oben ziehen. Trainieren Sie für eine königliche Haltung zusätzlich Ihre Bauch- und Rückenmuskulatur.

Bergauf und bergab

Zum Kennenlernen der Technik ist flaches Gelände ideal. Mehr Spaß macht das Training jedoch, wenn es bergauf und bergab geht. Hügeliges Gelände und breite Naturwege sind für Nordic Walkerinnen ein Traum. Erst in diesem Terrain können Sie so richtig spüren, wie effektiv und abwechslungsreich das Walken mit den Stöcken ist. Bergauf schieben Sie dynamisch mit den Stöcken, bergab können Sie locker laufen oder andere Varianten ausprobieren.

Bergauf wird der Körper noch weiter nach vorne gelegt, der Stockschub kräftiger. Merken Sie, wie aus dem üblichen Zweirad- ein Vierradantrieb wird? Sie können schneller gehen und brauchen sich dennoch weniger anzustrengen als ohne Stöcke. Mit etwas Erfahrung müssen Sie bergauf nicht mehr langsamer werden, die Schrittlänge kann beibehalten werden. Erst wenn es richtig steil wird, machen Sie kürzere Schritte und drosseln das Tempo.

Bergab werden die Schritte kürzer, umso deutlicher, je steiler der Hang ist. Die Knie bleiben stets leicht gebeugt, der Körperschwerpunkt liegt etwas tiefer. Der Oberkörper ist dennoch gerade. Ganz wichtig: Setzen Sie die Stöcke jeweils gleichzeitig mit dem Fuß auf. Und zwar neben oder sogar hinter dem Körper.

ATEMKONTROLLE

Es ist völlig in Ordnung, wenn Sie beim Bergaufgehen intensiver atmen müssen. Nur komplett aus der Puste sollten Sie nicht geraten. Wird die Luft knapp, schalten Sie einen Gang zurück, ohne stehen zu bleiben.

Variationen bergab

Christian Röhrs, Master-Trainer für Nordic Walking, rät bergab zur Abwechslung: «Nehmen Sie einmal die Stöcke hinter dem Rücken zusammen und halten Sie sie quer. Nun können Sie locker traben und entspannen die Schultern.»

profitipp

Vielleicht kommen Sie in die Versuchung, mit den Stöcken vor dem Körper bremsen zu wollen. Lassen Sie es! Diese – falsche – Technik stoppt die harmonische Bewegung abrupt und belastet die Hand-, Ellenbogen- und Schultergelenke.

Probieren Sie bergab einmal einen leichten Lauf, die Stöcke halten Sie locker in beiden Händen hinter dem Körper. Sie können sie auch hinter dem Rücken quer nehmen, wenn Ihnen das liegt. Abwechslung bringt Schwung in Ihr Training.

Mehr Spaß in der Gruppe

Leichter erlernt sich eine neue Sportart in der Gruppe. Eine Trainerin oder ein Trainer zeigen die richtige Technik, motivieren und korrigieren. Fehler haben so keine Chance, zur Gewohnheit zu werden. Behutsam bauen die Trainingsformen aufeinander auf, Sie haben ein gemeinsames Warm-up und stretchen zum Abschluss. In der Gruppe machen die Runden mehr Spaß, und Sie profitieren vom Vorbild – und von den Fehlern – der anderen. In rund zehn Stunden werden Sie die wichtigsten Elemente des Nordic Walkings kennen und können alleine weitertrainieren. Wenn Sie mögen.

Doch auch nachdem die ersten Schritte getan sind, hat die Gruppe einige Vorteile: Sie sorgt für Regelmäßigkeit. Die Termine liegen fest, und sicherlich wollen Sie keinen versäumen. Meist sind andere Sportlerinnen dabei, mit denen Sie sich gut verstehen und auch einmal zusätzlich verabreden können. Die Gruppe motiviert, am Ball zu bleiben. Blöde Bemerkungen am Wegesrand perlen locker an Ihnen ab.

Im Winter und in der Dunkelheit bietet die Gruppe ein wichtiges Sicherheitsplus: Es ist eine tolle Erfahrung für die meisten Frauen, auch am Abend noch im Park oder im Wald trainieren zu können. Sich dabei sicher und wohl zu fühlen und zu wissen, dass die anderen in der Nähe sind.

Nordic-Walking-Gruppen gibt es inzwischen fast überall. Erkundigen Sie sich im Laufladen oder beim nächstgelegenen Sportverein. Auch Fitness-Studios bieten häufig Kurse an, die meist nicht nur für Mitglieder, sondern auch für Gäste offen stehen. Eine preiswerte Möglichkeit kann vielleicht auch Ihre Krankenkasse sein. Viele Kassen haben den gesunden Sport entdeckt, einige geben Zuschüsse für externe Kurse, manche bieten sogar eigene Kurse an. Rufen Sie an und fragen Sie einfach mal!

FEST VERABREDEN!

Auch wer gemeinsam mit dem Partner oder einer Freundin trainiert, sollte die Termine festlegen. Tragen Sie sie in den Kalender ein und nehmen Sie sie so wichtig wie eine geschäftliche Verabredung. Nehmen Sie sich wichtig.

NORDIC.FITNESS.PARKS

Jeden Monat kommen neue Orte dazu: Immer mehr Gemeinden in ganz Europa gründen Nordic.Fitness.Parks. Um den geschützten Markennamen verwenden zu dürfen, müssen sie strengen Kriterien genügen. Damit sollen die Sportfans überall die gleiche Qualität vorfinden, egal ob sie nun in Finnland oder im Allgäu trainieren. Adressen mit aktuellen Angeboten finden Sie im Internet unter www.nordic-walking-online.de.

HALLO PARTNER, DANKE SCHÖN!

Wer seinen Freund oder Mann fürs Nordic Walking begeistern will, tut sich mit einem gemeinsamen Schnupperkurs am Wochenende meist leichter. Nicht gerade ein Geschenk für den kleinen Geldbeutel, aber vielleicht eines fürs Leben.

Nordic Walking auf Reisen

Manch eine hat das Glück, direkt im Kurort zu wohnen. Beispielsweise im bayerischen Bad Tölz, in Nesselwang im Allgäu oder in Hinterzarten im Schwarzwald. In jeder dieser Gemeinden – und in vielen weiteren – gibt es extra ausgeschilderte Nordic-Walking-Strecken in unterschiedlichen Schwierigkeitsgraden, zahlreiche Trainingstermine mit erfahrenen Instruktoren und gut sortierte Sportgeschäfte fürs Equipment.

Wer nicht so ideal wohnt, aber noch ein paar Urlaubstage zur Verfügung hat, kann sich in einem speziell ausgestatteten «Nordic-Walking-Hotel» einbuchen. Vielleicht kommen Sie sogar in den Genuss einer preisgünstigen Pauschale, in der dann nicht nur die Unterkunft und ein Kurs samt Leihstöcken enthalten sind, sondern auch einige Wohltaten aus dem Wellness-Sektor.

Im Urlaub sind die meisten Menschen entspannter und aufgeschlossener für Neues. Umso leichter werden sie beim Nordic Walking Tritt fassen. Vielleicht ein besonderer Tipp für Schüchterne? Im Kurort sind Sie bestimmt nicht die Einzige, die mit den Stöcken übt. Und selbst wenn Sie damit mitten durch die Fußgängerzone marschieren: Kein Nachbar weit und breit!

Auch manche Hotelkette hat den neuen Trendsport entdeckt. Beispielsweise bieten eine Reihe von Maritim-Hotels Wochenendkurse an, darunter das Berghotel Braunlage im Harz, das auch für Nordlichter leicht erreichbar ist. Zwei Tage Kompaktkurs in den weiten Wäldern, und viele neue Nordic Walkerinnen und Walker sind gewonnen.

Auch in der Schweiz grassiert inzwischen das Nordic-Fieber. Attraktive Angebote gibt es unter anderem in Saas Fee und Flims Laax. Infos finden Sie unter www.nordicfitnesspoint.ch und http://hikerworld.alpenarena.ch – Stichwort Nordic Walking oder Swiss Swing Walking.

Last, but not least kommen immer mehr Bergwanderer auf den Geschmack. Die dynamische Sportart gibt neue Impulse und macht großen Spaß. Gomera Trekking Tours (www.trekkingreisen.de), bekannt vor allem für ambitionierte Wanderreisen auf die schönsten Inseln Europas, hat neue Nordic-Walking-Reisen ins Programm genommen. Bislang geht es nach Gomera («Nordic Walking & Wellness») und Sizilien. Weitere Destinationen sind in Vorbereitung. Wir sind gespannt, wo überall in der Welt Nordic Walkerinnnen durch die Wälder streifen werden! (Weitere Adressen im Anhang ab Seite 117.)

Timing

– regelmäßig zum Erfolg

Wo auch immer Sie mit dem Nordic Walking starten, nutzen Sie die Zeit. Denn gerade nach einem Schnupperkurs oder Workshop (oder der Lektüre unseres Technik-Kapitels) haben Sie jede Menge Ideen und Anregungen im Kopf. Wenn Sie jetzt dranbleiben, werden Sie bald Erfolge sehen: Begeistert werden Sie feststellen, wie viel leichter die Bewegung fällt, der Atem fließt und die Kraft wächst. Die Koordination klappt sicherlich schon nach wenigen Runden deutlich besser, die neue Sportart beginnt Ihnen richtig Freude zu machen.

Jetzt gilt es, auf kluges Timing zu achten. Man kann zweierlei falsch machen: Man kann zu viel, aber auch zu wenig trainieren.

Wer am Anfang zu häufig, zu lange oder zu intensiv trainiert, wird sich überfordern. Die Gefahr von Verletzungen steigt, Muskelkater ist nur das sanfteste der Warnzeichen. Denn der Körper braucht Zeit, sich an die neue – ungewohnte – Belastung anzupassen. Das ist ganz normal und der Kern des Trainings: Die Verbesserung findet in der Erholungspause statt.

Einfach erklärt: Sie verlangen von Ihrem Körper etwas, das er so nicht kennt. Herz und Kreislauf sind gefordert. Auch Ihre Muskulatur ist vielleicht überrascht: «Oh, darauf war ich ja gar nicht vorbereitet», meint der Schultermuskel. Und die Wadenmuskulatur zwackt nach der ersten längeren Runde. Puh! Das nennt sich nun Trainingsreiz und ist gewollt.

DREIMAL PRO WOCHE IST IDEAL!

Optimal ist es, wenn Sie als Anfängerin zwei-, besser noch dreimal in der Woche trainieren können. Zwischen den Terminen sollte mindestens ein freier Tag liegen. Auch wenn Sie wenig Zeit haben: Gehen Sie lieber zwei kürzere Runden als eine lange. Der Erfolg kommt so rascher und zuverlässiger.

SANFT UND STETIG AUFBAUEN

Das Einzige, was gegen Muskelkater wirklich hilft: regelmäßig trainieren. Bleiben Sie am Ball, wenn Sie einmal losgegangen sind. Machen Sie keine wochenlangen Pausen, sonst müssen Sie immer wieder von vorne anfangen.

Das Wunderbare an unserem Körper ist die Fähigkeit, sich anzupassen. Jede einzelne Zelle wird das tun, die Muskeln werden sich verstärken, kleine Arterien zur besseren Sauerstoffversorgung werden neu gebildet etc. Sinn und Zweck der Anpassung: der nächsten Herausforderung besser gewappnet zu begegnen.

Doch nicht nur Herz, Kreislauf, Lungen und die Muskulatur stellen sich nach und nach auf die Belastung ein: Auch Bänder und Sehnen werden kräftiger, die Gelenke damit stabiler. Selbst Knochen können sich verdichten und fester werden. Doch diese Veränderungen brauchen Zeit: Von 0 auf 42 Kilometer rechnen Sportorthopäden mit anderthalb bis zwei Jahren. Das heißt: Wer bislang keinen Sport getrieben hat (oder seit langem keinen mehr), braucht rund zwei Jahre mit regelmäßigem Training, bis auch Knochen und Gelenke stabil genug sind für einen Marathon.

Noch dürfen Nordic Walkerinnen nicht am Marathon teilnehmen. Doch wer weiß, vielleicht gibt es bereits in zwei Jahren solche Wettbewerbe auch für die Fans der Stöcke?

Direkt nach dem Training werden Sie sich ein wenig müde und erschöpft fühlen. Am Tag danach vielleicht sogar etwas steif. Vielleicht brauchen Sie auch noch einen zweiten Erholungstag. Das ist ganz normal! In dieser Zeit passiert jede Menge, auch wenn Sie es nicht bemerken: Mit der Erholung kommt der Leistungszuwachs. «Superkompensation» heißt dieser

TURBOSTART FÜR SPORTLERINNEN

Wer bereits regelmäßig walkt oder joggt, kann selbstverständlich in seinem Trainingsrhythmus bleiben. Planen Sie zu Beginn ein bis zwei Wochentermine mit der neuen Sportart ein, die übrigen mit der gewohnten. Steigern Sie erst dann auf drei bis vier Termine mit Nordic Walking.

TRAININGSPLAN

Sehen Sie sich unseren Trainingsplan für Nordic-Walking-Einsteiger an. Vielleicht motiviert er Sie, noch heute Ihre erste Runde zu walken? Selbst wenn Sie noch keine Stöcke haben, können Sie so direkt mit dem Training beginnen.

Effekt in der Trainingslehre. Und genau dann, also zwei bis drei Tage nach dem ersten Training, sollten Sie wieder losmarschieren. Das ist optimales Timing und führt zu sicheren Leistungssteigerungen.

Wenn Sie zu lange warten, bis Sie sich aufraffen, verpufft der Effekt. Nach etwa einer Woche starten Sie wieder beim Ausgangsniveau. Leider. Also: Versuchen Sie, mindestens einen zweiten Termin in der Woche zu finden. Denn zwei- bis dreimal die Woche zu trainieren ist für Anfänger optimal.

«Es ist im Nordic Walking eine anerkannte Methode, zunächst ohne Stöcke zu beginnen. Für absolute Sportanfänger ist das der sichere und sinnvolle Einstieg. Sie bereiten sich damit perfekt vor.»

Verena Johannsen,
Nordic-Walking-Trainerin, Hamburg

profitipp

Nur optimal gesetzte Trainingsreize bringen den Erfolg.

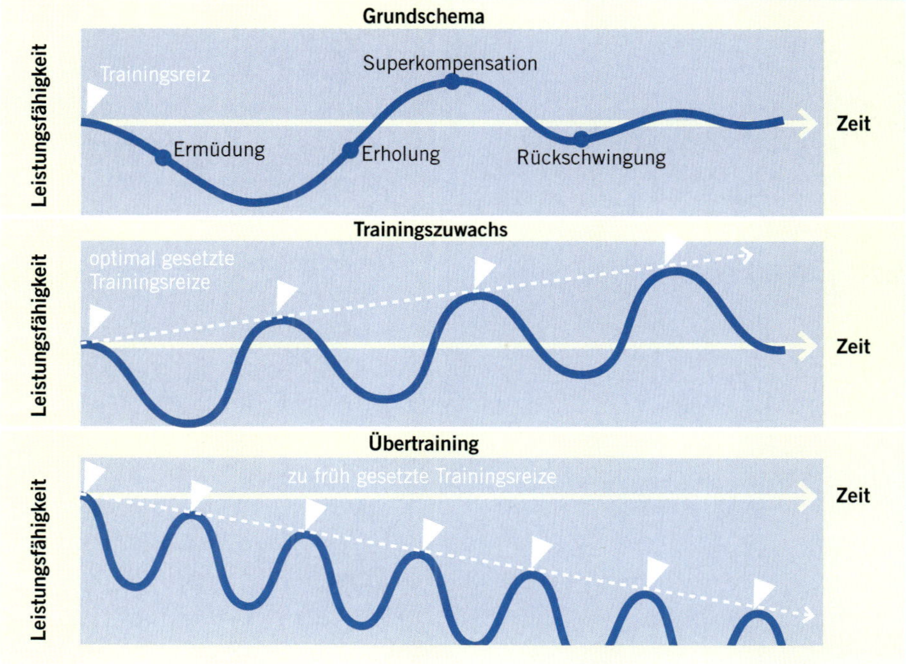

Der Trainingsplan für Einsteiger

Wer sehr lange keinen Sport getrieben hat, sollte besonders sachte mit dem Nordic Walking beginnen. Walken Sie dann zunächst zwei Wochen ohne Stöcke, um ein wenig sportartspezifische Muskulatur aufzubauen und das Herz-Kreislauf-System schonend vorzubereiten. Der Körper lernt damit zunächst die flottere Gangart kennen und weiß, wie er die Füße setzen soll, um etwas schneller als im Spaziergängertempo vorwärts zu kommen. So ist es dann leichter, die Stöcke dazuzunehmen.

Wer schon Erfahrung mit dem Walking oder anderen Sportarten hat, startet in unserem Trainingsplan direkt bei Woche drei. Je nach Leistungsfähigkeit und Lust können Sie dann auch einzelne Wochen überspringen oder die Trainingszeiten verlängern.

- Die Wochentage können selbstverständlich verändert werden. Wichtig ist jedoch, zwischen den Trainingsterminen einen Tag Pause einzulegen.
- Wer noch andere Sportarten treibt, darf gerne eine Walking-Einheit weglassen.
- Eine Einheit kann auch weggelassen werden, wenn Sie jeden Tag mit dem Fahrrad zur Arbeit fahren.
- Die zehnte Woche gilt als Beispielwoche für regelmäßiges Walking. So könnten Sie Ihr Training immer gestalten.
- Zum Tempo: Wählen Sie ein flottes Spaziergangstempo. Sie wissen ja: Wenn Sie noch Arien singen, sind Sie zu langsam. In den Pausen bitte nicht stehen bleiben, sondern gemütlich weitergehen.

	Montag	Dienstag	Mittwoch	Donnerstag
1. Woche		2 x 10 Min. Walken 3 Min. Pause		2 x 12 Min. Walken 3 Min. Pause
2. Woche		2 x 15 Min. Walken 2 Min. Pause		2 x 17 Min. Walken 2 Min. Pause
3. Woche		2 x 20 Min. NW 3 Min. Pause		2 x 20 Min. NW 2 Min. Pause
4. Woche	1 x 25 Min. NW 2 Min. Pause 1 x 15 Min. NW		1 x 25 Min. NW 2 Min. Pause 1 x 15 Min. NW	
5. Woche	1 x 25 Min. NW 2 Min. Pause 1 x 20 Min. NW			1 x 30 Min. NW 3 Min. Pause 1 x 15 Min. NW
6. Woche		1 x 33 Min. NW 3 Min. Pause 1 x 15 Min. NW		1 x 33 Min. NW 2 Min. Pause 1 x 15 Min. NW
7. Woche	1 x 40 Min. NW		1 x 40 Min. NW	
8. Woche	1 x 40 Min. NW 2 Min. Pause 1 x 15 Min. NW			1 x 45 Min. NW
9. Woche	50 Min. NW		55 Min. NW	
10. Woche		45 Min. NW mittleres Tempo		30 Min. NW mittleres Tempo 10 Min. NW flottes Tempo

Freitag	Samstag	Sonntag	NW = Nordic Walking
		2 x 12 Min. Walken 2 Min. Pause	Sporteinsteiger Walking ohne Stöcke
	2 x 20 Min. Walken 3 Min. Pause		
	1 x 25 Min. NW 3 Min. Pause 1 x 15 Min. NW		Sporterfahrene
	1 x 25 Min. NW 2 Min. Pause 1 x 20 Min. NW		
		1 x 30 Min. NW 3 Min. Pause 1 x 15 Min. NW	
	1 x 35 Min. NW 3 Min. Pause 1 x 15 Min. NW		
1 x 35 Min. NW 2 Min. Pause 1 x 15 Min. NW			
	1 x 45 Min. NW		
	60 Min. NW		
		60 Min. NW mittleres Tempo	BEISPIEL-WOCHE

Training

komplett

Langsam starten! Diese Empfehlung gilt für das Training allgemein, aber auch für jeden einzelnen Termin. Das Aufwärmen – und das Abkühlen nach der eigentlichen Ausdauerbelastung – sind unverzichtbare Bestandteile eines jeden guten Trainings. Auch beim Nordic Walking gehören sie ganz selbstverständlich dazu.

Warm-up

Durch das Aufwärmen, in der Fitness-Sprache «Warm-up» genannt, bereiten Sie sich auf das Training vor. Der Kreislauf kommt in Schwung, die Körpertemperatur steigt leicht an. Sanfte Bewegung mobilisiert Gelenke und Muskulatur und fördert die Geschmeidigkeit. Nicht zuletzt stimmt Sie das Aufwärmen auch mental auf den Sport ein. Die Gedanken wandern vom Arbeitsalltag weg und wenden sich der Bewegung zu: Jetzt haben Sie Freizeit, Sie können abschalten und entspannen.

Bevor Sie also mit den Stöcken starten, sollten Sie sich fünf Minuten Zeit für ein kleines Warm-up nehmen. Zum Beispiel machen Sie es so:

- Gehen Sie gemütlich auf der Stelle, rollen Sie den ganzen Fuß von der Ferse bis zu den Zehen ab. Konzentrieren Sie sich zunächst nur auf die Bewegung der Füße.
- Nun lockern Sie die Schultern. Kreisen Sie mit den Schultern von vorne nach hinten und von hinten nach vorne. Ziehen Sie sie ganz hoch zu den Ohren und lassen Sie sie genüsslich wieder sinken. Gehen Sie dabei weiter auf der Stelle.
- Gehen Sie immer weiter auf der Stelle und variieren Sie Tempo und Bewegungsausführung: Machen Sie kurze schnelle Schritte und rollen Sie dabei vollständig den Fuß ab. Dann gehen Sie langsamer und ziehen dafür die Knie hoch.
- Nehmen Sie die Arme dazu: Dynamisch marschieren und die angewinkelten Arme mitschwingen lassen. Die Ellenbogen ziehen dabei kräftig nach hinten (s. Foto S. 71 links).
- Zum Abschluss eine kleine Balanceübung: Stehen Sie auf einem Bein, das andere Bein heben Sie angewinkelt an (Knie etwa auf Hüfthöhe): Bauch- und Rückenmuskulatur sind jetzt leicht unter Spannung, damit Sie das Gleichgewicht halten können. Der Oberkörper ist aufgerichtet, der Nacken lang (s. Foto S. 71 rechts).

Privat Coach Wer mit einer Freundin trainiert, kann sich beim Warm-up abwechseln. Die eine macht eine Übung vor, die andere macht nach und umgekehrt. Dieses System klappt übrigens auch in der Gruppe: Wem gerade etwas einfällt, fängt mit einer neuen Übung an.

tipp

ENTSPANNTE SCHULTERN

Erinnern Sie sich schon beim Aufwärmen an die angenehme Position der Schultern: Sie sollten beim Nordic Walking stets tief und in der Mitte sein. Nicht hoch oder nach vorne gezogen.

Nun mit dem freien Fuß kreisen, einige Sekunden in die eine Richtung, einige Sekunden in die andere. Seiten wechseln (s. Foto S. 71 rechts).

Jetzt noch die Beine auslockern – und schon kann es losgehen!

Variationen des Aufwärmprogramms sind jederzeit möglich. Wer im Fitness-Studio trainiert, kennt aus seinen Stunden sicherlich noch viele andere Schrittkombinationen zum sanften Start.

Wer mag, kann vor dem Nordic Walking die folgende Paddelübung zusätzlich ins Programm aufnehmen. Sie bringt den ganzen Oberkörper in Schwung und sorgt für größere Beweglichkeit.

Die Paddelübung

Sie stehen im sicheren Stand mit hüftbreit geöffneten Beinen, die Knie sind nicht ganz durchgedrückt. Die Stöcke legen Sie zusammen, am besten Griff an Spitze und Spitze an Griff. Nehmen Sie die Stöcke quer vor sich in beide Hände, so dass Sie gut zupacken können (deutlich mehr als schulterbreit).

- **Beginnen Sie nun mit ausholenden Paddelbewegungen, die Stöcke sind Ihre Paddel, mit denen Sie einmal links und einmal rechts am Körper vorbeiziehen.**
- **Mit der Zeit ergibt sich eine schöne runde Bewegung. Üben Sie so lange, bis die Schultern leicht erschöpft sind.**

Genug gepaddelt? Dann hier eine Alternative zur Mobilisierung des Oberkörpers. Der «Model-Gang» macht besonders viel Spaß mit einer Freundin oder in der Gruppe. Gehen Sie aufeinander zu und spielen Sie «Catwalk» (Laufsteg)!

Der Model-Gang

Nehmen Sie beide Stöcke vor dem Körper quer in beide Hände und ziehen Sie sie über den Kopf. Legen Sie sie sich auf die Schultern.

- **Nun gehen Sie wie ein Model: Setzen Sie die Füße jeweils einen über den anderen, aber das Ganze ziemlich übertrieben.**
- **Der Oberkörper dreht dagegen: Während Sie den rechten Fuß über den linken setzen, ist die linke Schulter vorne, die rechte hinten.**
- **Gehen Sie am Anfang in Zeitlupe, um die Bewegung kennen zu lernen, dann erst zügiger. Kopf und Oberkörper sind dabei immer aufrecht. Lächeln Sie nach rechts und links oder lächeln Sie Ihre Freundin an.**

«Der Model-Gang ist eine tolle Übung für Anfänger. Wer sie zwischendurch einmal macht, wird nachher viel lockerer gehen. Oberkörper und Hüften werden dadurch beweglicher.»

Cornelia Ließmann,
Nordic-Walking-Trainerin, Bad Tölz

profitipp

Ausdauertraining – die goldene Mitte

Nun starten Sie mit dem eigentlichen Nordic Walking. Beziehungsweise mit einfachem Walking, sollten Sie keine Vorkenntnisse haben (siehe Trainingsplan auf Seite 66). Laufen Sie zunächst einige Minuten in gemütlichem Tempo. Finden Sie Ihren Rhythmus, achten Sie auf eine gute und komplette Technik.

Ziehen Sie das Tempo langsam an, bis Sie in Ihrem Wohlfühltempo laufen. Sie sollen intensiv atmen müssen – kräftiger als beim Spazierengehen. Zumindest theoretisch könnten Sie sich noch in kurzen Sätzen unterhalten. Wer aus der Puste kommt, schaltet einen Gang zurück, ohne stehen zu bleiben (mehr zum Tempo ab Seite 92).

Sporteinsteiger gehen in dieser Geschwindigkeit zweimal zehn Minuten, sporterfahrene Anfänger starten mit zweimal zwanzig Minuten, jeweils mit drei Minuten Gehpause dazwischen. Wer schon besser trainiert ist, kann direkt vierzig Minuten oder gar eine Stunde am Stück walken. Zu Ihrer Kontrolle: Ihr Training ist wirkungsvoll und richtig dosiert, wenn Sie sich danach leicht erschöpft, aber nicht völlig verausgabt fühlen.

Wer systematisch aufbauen möchte, kann sich nach unserem Trainingsplan für Einsteiger richten (Seite 66). Damit kommen Sie sicher und stetig zu mehr Ausdauer.

DIE STIMMEN DER NATUR

Sobald Sie die Technik beherrschen, werden Ihre Sinne offen für die Natur. Achten Sie eine Zeit lang nur auf das Rauschen der Blätter in den Bäumen, auf das Zwitschern der Vögel, auf das Knacken der Zweige. Das ist wirkliche Erholung.

ABWÄRMEN

Das Cool-down (Abwärmen) bringt den Kreislauf wieder auf den Ruhemodus herunter und leitet die Erholung ein. Abbauprodukte des Stoffwechsels können abtransportiert werden, die Herzfrequenz und der Spannungszustand der Muskulatur sinken langsam und sicher auf das Ausgangsniveau.

Cool-down

Nach dem Ausdauertraining in zügigem Tempo werden Sie wieder langsamer. Gehen Sie die letzten fünf Minuten in moderatem Tempo zurück zu Ihrem Ausgangspunkt. Bleiben Sie niemals abrupt stehen. Das «Auslaufen» oder «Abwärmen» ist wichtig für den Kreislauf und die Erholung des Körpers.

Nun folgen einige Dehnübungen, die das Training wirklich rund machen. Probieren Sie sie zunächst zu Hause oder im Garten aus. Sie werden sehen: Das Stretching tut gut und bildet den perfekten Ausgleich. Die beanspruchte Muskulatur kann sich durch den Dehnimpuls leichter erholen, und die volle Bewegungsweite der Muskeln bleibt erhalten. Die Stöcke können Sie dazu gut gebrauchen.

Stretching – perfekt zum Abschluss

Lockern Sie sich nach dem Walken zunächst aus, indem Sie die Beine ausschütteln und die Schultern entspannt kreisen. Anschließend dehnen Sie alle beanspruchten Muskelgruppen systematisch.

- **Gehen Sie immer vorsichtig in die Dehnposition hinein und ebenso vorsichtig wieder hinaus.**
- **Halten Sie die Dehnposition jeweils rund 20 bis 30 Sekunden lang. Atmen Sie dabei tief und ruhig. Verstärken Sie die Dehnung jeweils mit dem Ausatmen.**

Wer mag, kann jede Dehnung zwei- bis dreimal wiederholen. Sie werden spüren, wie schnell Sie beweglicher werden.

Die Stöcke sind eine praktische Gleichgewichtshilfe. Statt an einer Wand (wie nach dem Laufen oder Walken) können Sie sich nach dem Nordic Walking prima an Ihren Stöcken abstützen.

Dehnung des Oberkörpers

Stützen Sie sich mit beiden Stöcken schulterbreit und weit vor dem Körper ab. Kippen Sie den geraden Oberkörper nach vorne und machen Sie Arme und Wirbelsäule ganz lang.

- **Atmen Sie bewusst und gleichmäßig in den Rücken und die gedehnten Partien hinein.**

Diese Dehnung tut nach dem Nordic Walking besonders gut!

Individuell abstimmen!

Eine Dehnung ist immer dann richtig, wenn Sie gut zu spüren ist (und zwar genau da, wo Sie dehnen wollen), aber nicht schmerzt. Zieht es zu heftig, gehen Sie wieder ein Stückchen zurück. Sie sind Ihr Maßstab!

tipp

Dehnung Trizeps

Nehmen Sie beide Stöcke mit einer Hand hinter den Körper. Greifen Sie mit der anderen Hand von oben die Stöcke.

▬ Nun ziehen Sie mit der unteren Hand sanft die Stöcke und damit die obere Hand nach unten, sodass Sie eine Dehnung in Oberarm und Schulter spüren. Seiten wechseln.

Flankendehnung

Hüftbreiter Stand. Lassen Sie die Stöcke zusammen und fassen Sie sie an den Enden. Heben Sie beide Arme über den Kopf.

▬ Beugen Sie sich langsam zur Seite. Seiten wechseln.

Dehnung der Nackenmuskulatur

Stehen Sie mit schulterbreit geöffneten Beinen und halten Sie die Stöcke hinter dem Rücken. Drücken Sie sie mit beiden Armen nach unten.

- **Nun neigen Sie den Kopf sanft und behutsam zur rechten Schulter. Achten Sie darauf, dass Ihr Gesicht während der gesamten Übung nach vorne gerichtet ist. Seiten wechseln.**

Dehnung der Pomuskulatur

Legen Sie den rechten Fuß auf den linken Oberschenkel. Stützen Sie sich mit beiden Stöcken rechts und links gut ab.

- **Gehen Sie langsam in die Hocke, bis Sie eine Dehnung in der Pomuskulatur spüren. Seiten wechseln.**

Dehnung der Beinrückseite

Sie stehen hüftbreit, die Stöcke rechts und links vom Körper. Zunächst beide Beine beugen. Dann ein Bein mit angezogenem Fuß vorstellen. Das Gewicht bleibt auf dem hinteren Bein!

- **Nun den Po nach hinten schieben und den geraden Oberkörper nach vorne kippen. Seiten wechseln.**

Dehnung des Hüftbeugers

Machen Sie einen weiten Ausfallschritt und stützen Sie sich rechts und links mit Ihren Stöcken ab. Das Schienbein des vorderen Beines sollte etwa senkrecht stehen (eventuell mit dem hinteren Bein noch ein bisschen weiter nach hinten rutschen).

- **Nun das Knie des hinteren Beines strecken und die Hüfte nach unten sinken lassen, bis Sie die Dehnung an der Hüftvorderseite spüren. Seiten wechseln.**

Dehnung vorderer Oberschenkel

Nehmen Sie beide Stöcke zusammen auf die linke Seite und stützen Sie sich mit der linken Hand ab. Sie stehen auf dem linken Bein und umfassen mit der rechten Hand den rechten Fuß: am Knöchel und nicht an den Zehen!

- **Ziehen Sie das Bein behutsam nach hinten, ohne dabei ein Hohlkreuz zu machen. Das Knie zeigt nun möglichst nach unten, der Kniewinkel bleibt etwas geöffnet. Seiten wechseln.**

Wadendehnung

Stützen Sie sich rechts und links mit Ihren Stöcken ab, stellen Sie ein Bein gestreckt zurück. Die hintere Fußspitze zeigt genau nach vorne, die Ferse ist und bleibt am Boden.

- **Schieben Sie nun die Hüfte langsam nach vorne, bis die Dehnung gut spürbar ist. Seiten wechseln.**

Dehnung untere Wade

Bleiben Sie in der Position.

- Verlagern Sie nun den Körperschwerpunkt weiter nach hinten und beugen Sie zusätzlich das hintere Bein. Damit erreichen Sie den unteren Anteil der Wadenmuskulatur.
- Wechseln Sie die Seiten.

Mit regelmäßigen Dehnübungen erhalten Sie Ihre Beweglichkeit oder können sie sogar verbessern. Nehmen Sie sich die Zeit, sie nach dem Ausdauertraining ganz in Ruhe durchzuführen. Sie werden sehen, wie erholt und frisch Sie sich danach fühlen.

MIT GEFÜHL DEHNEN

Machen Sie die Stretching-Übungen nicht schnell und mechanisch, sondern immer langsam und bewusst. Erspüren Sie genau das Maß an Dehnung, das für Sie richtig ist.

Intermezzo: Workout für die Kraft

Erinnern wir uns noch einmal an unser Fitnessmodell auf Seite 17. Neben Ausdauer, Koordination, Schnelligkeit und Beweglichkeit gehört die Kraft zu den Bausteinen der Fitness. Bereits durch das regelmäßige Nordic Walking und den dynamischen Einsatz der Stöcke bauen wir diese Komponente auf. Wir trainieren dabei nahezu die gesamte Muskulatur des Körpers.

Wer noch etwas mehr für straffe Muskeln und damit eine sportliche Silhouette tun möchte, kann einen zusätzlichen Workout für die Kraft ins Programm aufnehmen. Machen Sie diese Übungen vor dem Ausdauerteil, wenn Sie noch frisch und konzentriert sind. Oder danach, wenn es Ihre Zeit erlaubt und Sie noch Lust auf ein Extra haben. Eine weitere Möglichkeit schlägt Master-Trainer Christian Röhrs vor: «Testen Sie den Nordic Walking Trimm-dich-Pfad: Machen Sie zwischendurch an einer besonders schönen Ecke eine Übung, und dann walken Sie weiter.»

MUSKELN MIT TURBOEFFEKT

Gut trainierte Muskeln sorgen für eine straffe Figur, eine königliche Haltung und beugen Rückenschmerzen vor. Außerdem sind Muskeln stoffwechselaktives Gewebe: Das heißt, sie verbrauchen Energie, selbst wenn Sie gerade liegen oder bequem sitzen. Der Grundumsatz steigt. Sportlerinnen können deshalb viel unbeschwerter essen als Untrainierte.

Checkliste Kraftübungen

- ➜ **Üben Sie immer aus einer guten Grundspannung heraus und bauen Sie die Positionen sorgfältig auf.**
- ➜ **Machen Sie von jeder Übung zwei Serien à 10 Wiederholungen, mit einer kleinen Pause zwischen den Serien. Steigern Sie sich mit den Wochen auf drei Serien à 15 Wiederholungen.**
- ➜ **Nach einem Nordic-Walking-Training mit zusätzlichen Kraftübungen sollten Sie sich immer Zeit fürs Stretching nehmen.**

Kniebeugen – für kräftige Oberschenkel

Stellen Sie sich aufrecht hin und nehmen Sie die beiden Stöcke quer vor den Körper.

- **Beugen Sie die Knie. Lassen Sie dabei die Stöcke über die Oberschenkel heruntergleiten, bis Ihr Kniewinkel etwa 90 Grad beträgt (nicht tiefer!).**

Das ist eine tolle Übung für Skifahrerinnen. Also im Herbst unbedingt ins Programm aufnehmen!

tipp

Storchengang – für die königliche Haltung

Stehen Sie aufrecht und hüftbreit. Nehmen Sie beide Stöcke zusammen, fassen Sie sie schulterbreit und heben Sie sie über den Kopf.

- Nun heben Sie ein Bein gebeugt an und halten das Knie einen Moment auf Hüfthöhe in der Luft. Achten Sie auf eine gute Spannung in Bauch und Rücken.
- Gehen Sie nun im «Storchengang» etwa zehn Schritte in Zeitlupe. Kurze Pause und nochmal zehn Schritte.

Klimmzüge – stärken den oberen Rücken

Stehen Sie aufrecht und hüftbreit und heben Sie beide Arme mit den Stöcken über den Kopf.

- Nun ziehen Sie rechts und links an den Stöcken, als wollten Sie sie «auseinander ziehen». Halten Sie die Spannung.
- In dieser Spannung die Arme beugen – bis die Stöcke hinter dem Kopf sind. Langsam wieder strecken.
- Der Oberkörper bleibt während der ganzen Übung gerade, der Kopf in Verlängerung der Wirbelsäule, der Nacken ist lang.

Vierfüßler – stärkt den gesamten Rücken

Stehen Sie mit hüftbreit geöffneten Beinen. Beugen Sie den Oberkörper möglichst gerade aus der Hüfte heraus nach vorne. Stützen Sie sich mit beiden Stöcken vor dem Körper ab.

- Nun heben Sie abwechselnd die Arme um jeweils zwei Zentimeter, die Stöcke heben sich damit um zwei Zentimeter vom Boden. Halten Sie den jeweiligen Stock einen Moment lang in der Luft, bevor Sie ihn wieder absetzen.

Balance – für einen schönen Po

Hüftbreiter Stand. Stützen Sie sich mit beiden Stöcken vor dem Körper ab und verlagern Sie das Gewicht auf ein Bein.

- Heben Sie nun das freie Bein seitlich hoch, der Fuß ist gebeugt. Führen Sie das Bein langsam und bewusst hoch und runter, setzen Sie es zwischendurch nicht ab. Stellen Sie sich vor, dass die Ferse die Bewegung anführt. Seiten wechseln.

Zehenstand – für knackige Waden

Stehen Sie hüftbreit. Stützen Sie sich mit beiden Stöcken vor dem Körper ab.

- Heben Sie sich in den Ballenstand. Bleiben Sie einen Moment in der Streckung, bevor Sie den Körper wieder absenken.

Das Training für Einsteiger

- Warm-up: Nehmen Sie sich rund 5 Minuten Zeit, um die Gelenke zu mobilisieren und den Körper auf Betriebstemperatur zu bringen.
- Walken Sie die ersten 5 Minuten in gemächlichem Tempo! Finden Sie Ihren Rhythmus und überprüfen Sie Ihre Technik.
- Starten Sie Ihren Ausdauerteil: Gehen Sie in gleichmäßig schnellem Tempo rund 30 Minuten, mit einer kurzen Gehpause (2 bis 3 Minuten) nach der Hälfte der Zeit. Steigern Sie sich über die Wochen auf 60 Minuten Walken.
- Cool-down: Gehen Sie die letzten 5 Minuten wieder in gemächlichem Tempo.
- Nach Zeit und Lust: Extra-Workout für die Kraft einplanen. Optimal ist es, wenn Sie das zweimal pro Woche schaffen.
- Stretching zum Abschluss: So erhalten Sie die Beweglichkeit.

Neue Impulse

für Fortgeschrittene

Wer Spaß am Nordic Walking gefunden hat und rund eine Stunde mit den Stöcken laufen kann, möchte meist mehr: systematischer trainieren, schneller werden und vielleicht an einem Wettkampf teilnehmen. Vielleicht wollen Sie auch nur überprüfen, ob Sie im richtigen Tempo unterwegs sind. Kein Problem. Alles, was Sie dazu wissen müssen, finden Sie hier.

Das richtige Tempo

Die Frage, ob Ihr Tempo richtig ist, kann immer nur beantwortet werden wie bei Radio Eriwan: «Es kommt drauf an.» Genauer: Es kommt drauf an, was Sie vorhaben.

Vielleicht wollen Sie zum Ausgleich (z. B. nach langem Sitzen im Büro) einfach an der frischen Luft sein, ohne sich allzu sehr zu belasten. Sie laufen mit den Stöcken, weil Ihnen das mehr Spaß macht, bleiben aber im Spaziergängertempo: prima. Das ist völlig in Ordnung. Auch flottes Spazierengehen ist eindeutig gesund. Der Stoffwechsel kommt in Schwung und Ihre Haltung verbessert sich. Wer lange und ausdauernd spazieren geht – zum Beispiel viermal in der Woche 90 Minuten – kann damit viel für Herz und Kreislauf tun und selbst problematische Blutwerte wieder regulieren. Das hat die im ersten Kapitel zitierte Kölner Studie (Seite 16) eindrucksvoll bewiesen.

Ganz nebenbei kurbeln Sie bereits in moderatem Tempo Ihre Fettverbrennung an. Wer oft und lange genug unterwegs ist, kann effektiv Fett verbrennen. Sie haben mit Walking oder Nordic Walking sogar den doppelten Effekt: Muskulatur wird auf- und Fett abgebaut. Das Verhältnis verschiebt sich: Zum Wohle Ihrer Gesundheit und Ihrer Figur. Bei einem Fitnesstest (in guten Studios oder beim Sportmediziner) wird deshalb immer der Körperfettanteil in Relation zum Körpergewicht bestimmt. Der Trainingsfortschritt lässt sich dann auch an der Abnahme des Körperfettanteils erkennen.

DAS GEWICHT IST RELATIV

Lassen Sie sich von der Waage nicht verrückt machen. Das Gewicht ist nur ein Indiz für Ihre Fitness. Viel wichtiger ist das Verhältnis von Körperfett zum Gesamtgewicht. Das kann sich bereits eindeutig verbessert haben, auch wenn sich auf einer herkömmlichen Waage wenig bewegt.

Das richtige Tempo im Gesundheitsbereich ist damit Ihr Wohlfühltempo: Gehen Sie einfach so schnell, wie Sie mögen.

Ideal ist es, wenn Sie intensiver atmen müssen als normal, aber nicht aus der Puste geraten. Wer mit einer Freundin unterwegs ist, hat eine gute Kontrolle über den Atem: Können Sie noch ganze Geschichten erzählen, sind Sie ein wenig langsam. Besser wäre es dann, einen Zahn zuzulegen, sodass Sie nur noch Luft für kurze Sätze haben. Mein Tipp: Beschränken Sie sich eine Zeit lang auf das Wesentliche, und achten Sie verstärkt auf Ihre Technik und Ihren Schritt!

Für Gesundheitssportlerinnen mag die Kontrolle über den Atem bereits ausreichen. Sie laufen so, dass Sie das Training als «leicht anstrengend» bis «anstrengend» empfinden. Ein weiterer Hinweis für das richtige Tempo: Nach dem Sport sollten Sie sich angenehm ermüdet, aber nicht völlig ausgelaugt fühlen.

Werfen Sie einen Blick auf die fünf Intensitätsstufen des Trainings. Bevorzugt trainieren Sie in Zone 2 und 3. Übrigens: Selbst ambitionierte Freizeitsportler (z. B. Marathonläufer) absolvieren rund 80 Prozent ihres Trainings in den Zonen 2 und 3.

Die fünf Intensitätsstufen

Intensitätsstufe	Anstrengungsgrad	Merkmale
1	sehr leicht	sitzende Tätigkeit
2	leicht anstrengend angenehme Belastung	betontes Atmen
3	anstrengend Sprechen noch möglich	beschleunigter Atem
4	sehr anstrengend Sprechen fast nicht mehr möglich	schwere Atmung
5	erschöpfend Verkrampfung	total außer Atem

FORDERN SIE SICH OPTIMAL!

Die Gefahr, sich beim Nordic Walking zu überfordern, ist relativ gering. Wahrscheinlicher ist, dass Sie sich unterfordern. Doch das ist nicht gefährlich. Sie haben dann lediglich Ihre Trainingszeit nicht optimal genutzt. Vielleicht konzentrieren Sie sich das nächste Mal besser?

Windrichtung beachten!

Planen Sie Ihre Nordic-Walking-Runde auch nach der Windrichtung: Gehen Sie am Anfang gegen den Wind. Auf dem Weg nach Hause, wenn Sie bereits leicht erschöpft sind, hilft Ihnen dann der Rückenwind.

Vom Tempo zur Intensität

Bislang haben wir uns vor allem mit dem Tempo beschäftigt: Langsam, moderat oder schnell. Wer häufiger im Freien trainiert, kennt jedoch noch andere Größen. Beispielsweise laufen Sie am Strand einer friesischen Insel gegen den Sturm. Sie sind schneckenlangsam, obwohl Sie heftig ins Schwitzen geraten und das Walking als sehr anstrengend empfinden. Den Windwiderstand haben Sie sicherlich auch schon mal beim Radfahren erlebt: Am liebsten würden Sie absteigen und schieben, wenn Sie lange gegen den Wind fahren müssen. (Tipp: Tun Sie das dann einfach. Ein Stück zu gehen entlastet und bringt die Energie zurück.)

Sportlerinnen in Mittel- und Süddeutschland haben weniger mit dem Wind zu tun, dafür kennen sie die Berge: Bergauf wird schnell einmal die Luft knapp, während man bergab oft wie beflügelt läuft. Mit systematischen Bergläufen lässt sich übrigens ganz wunderbar trainieren. Mehr dazu später. Zunächst sehen wir an diesen Beispielen, dass das Tempo für sich genommen eine unzureichende Größe darstellt. In der Trainingslehre sprechen wir deshalb lieber von Intensität. In diesen Begriff fließen Steigung, Windwiderstand, Technik und Tempo ein.

Intensität steigern

Sie können intensiver trainieren:

- ➜ **indem Sie schneller gehen (das Tempo anziehen)**
- ➜ **die Stöcke kräftiger einsetzen und die Füße deutlicher abrollen (die Technik verbessern)**
- ➜ **bergauf gehen – oder in Sand oder Schnee (schwierigeres Terrain auswählen)**
- ➜ **gegen den Wind laufen**

NEUE ANREGUNGEN SUCHEN!

Immer auf die gleiche Art und Weise zu trainieren langweilt nicht nur den Körper, sondern auch den Kopf. Probieren Sie deshalb öfter mal eine neue Strecke aus, spielen Sie mit dem Tempo oder integrieren Sie die Kraftübungen. Das allereinfachste Mittel, um Abwechslung zu schaffen: die gewohnte Runde andersherum laufen!

Während der Wind ein eher unzuverlässiger Trainingspartner ist, lassen sich die anderen Faktoren durchaus gezielt einsetzen. Vielleicht haben Sie Ihr Tempo ja schon verbessert? Gehen Sie dieselbe Runde wie zu Anfang inzwischen in einer kürzeren Zeit? Oder – besser noch – gehen Sie eine längere Runde in derselben Zeit? Am Anfang werden Sie meist von ganz alleine schneller, einfach weil Sie Fortschritte in der Technik machen. Aber ab einem gewissen Leistungsniveau müssen Sie sich aktiv darum bemühen.

Steigerungen planen

Wir erinnern uns, dass nur ein Trainingsreiz, der neu oder ungewohnt ist, eine Anpassung auslöst (Superkompensation, Seite 62). Wenn wir über längere Zeit immer gleichbleibend trainieren, ist das für unseren Körper irgendwann «kalter Kaffee», das kennt er alles schon. Wir können damit ein bestimmtes Niveau halten, uns aber nicht verbessern. Um uns zu verbessern (und wieder Erfolge zu spüren), müssen wir nach einer gewissen Zeit neue Impulse setzen.

Wichtig ist, dabei die richtige Reihenfolge einzuhalten.

1. Trainingshäufigkeit **erhöhen: Zum Beispiel statt zweimal pro Woche dreimal trainieren.**
2. Trainingsumfang **erhöhen: Im Ausdauerteil (der goldenen Mitte) zum Beispiel statt zweimal 20 Minuten nun zweimal 30 Minuten reines Nordic Walking.**
3. Trainingsintensität **erhöhen: Zum Beispiel die gewohnte Strecke**

in kürzerer Zeit zurücklegen. Oder Extratouren in die Walking-Runde einbauen: Eben mal auf den Hügel und wieder herunter.

Training mit der Pulsuhr

Ein unbestechliches Maß für die Trainingsintensität liefert unsere Herzfrequenz. Sie lässt sich heute einfach und zuverlässig ermitteln: mit einem Herzfrequenzmesser oder – salopp ausgedrückt – einer Pulsuhr.

Gerade beim Nordic Walking ist man wegen der Handschlaufen (und Handschuhe) nur schlecht in der Lage, auf traditionelle Weise seinen Puls zu ertasten. Außerdem ist diese Messung reichlich ungenau. Wer also eine korrekte Überwachung seiner Werte sicherstellen möchte, sollte sich einen Herzfrequenzmesser anschaffen.

Es gibt einfache Modelle, die nur die Herzfrequenz anzeigen. Um diese Herzfrequenz deuten zu können, müssen Sie mit Hilfe von Tabellen Ihren optimalen Trainingspuls bestimmen. Basis ist dabei immer die maximale Herzfrequenz (MHF), von der aus Sie herunterrechnen. Zum Beispiel trainieren Sie mit 60 bis 70 Prozent der maximalen Herzfrequenz im leichten, lockeren Fitnessbereich.

PULSUHR ODER HERZFREQUENZMESSER?

Genau genommen misst der Sender, der um die Brust geschnallt wird, die Herzfrequenz. Er sendet sie weiter an die Uhr, die am Handgelenk sitzt. Dort (oder an der Halsschlagader) wäre auf traditionelle Weise auch der Puls zu fühlen. Da sich Puls- und Herzfrequenz jedoch nicht unterscheiden, kann man das Messgerät auch Pulsuhr nennen.

Wer seine maximale Herzfrequenz nicht kennt und Rechenübungen scheut, ist mit einem «Luxusmodell» von Pulsuhr besser bedient. Beispielsweise können Sie damit jeden Tag (oder sooft Sie wollen) die optimale Trainingsempfehlung ermitteln. Nach einem Stufentest zeigt die Uhr den Trainingsbereich an, der speziell für Sie an diesem Tag ideal wäre: Ein akustisches Signal warnt Sie dann, wenn Sie zu schnell werden – oder umgekehrt zu langsam laufen. Profis schalten den Ton aus und kontrollieren nur ab und zu mit einem Blick auf die Uhr, ob sie im gewünschten Bereich trainieren.

Manche dieser Computer berechnen zusätzlich die verbrauchten Kalorien, geben an, aus welcher Verbrennungsart sie hauptsächlich stammen (Zucker oder Fett), und addieren auf Wunsch alle Werte der letzten Trainingseinheiten.

Um derartige Wunder vollbringen zu können, muss der Minicomputer natürlich zunächst mit Ihren persönlichen Daten gefüttert werden. Das sind Alter und Gewicht, Geschlecht und Trainingszustand. Denn logischerweise kann sich eine 25-jährige sportliche Frau deutlich stärker belasten als ein 50-jähriger untrainierter Mann. Damit die Pulsuhr funktioniert, müssen Sie zusätzlich einen Brustgurt tragen, der die Herzfrequenz ermittelt und an die Uhr sendet.

MAXIMALE HERZFREQUENZ

Die maximale Herzfrequenz kann individuell mit einem Leistungstest beim Sportmediziner bestimmt werden. Eine grobe Einschätzung liefert auch die folgende Faustformel: 226 minus Lebensalter = MHF (Für Männer: 220 minus Lebensalter).

OWNZONE

Mit der M-Serie der Firma Polar können Sie Ihren optimalen Trainingspuls selbst bestimmen. Sie walken sich (ohne Stöcke) warm und starten per Knopfdruck den Test. Zunächst halten Sie eine Herzfrequenz von beispielsweise 100 Schlägen/Minute. Nach einer Minute sagt Ihnen ein Signal, dass Sie schneller werden sollen. Nun walken Sie eine Minute bei Puls 110 und steigern sich nach dem nächsten Signal erneut. Nach spätestens fünf Minuten mit diesem Stufentest hat die Pulsuhr Ihren optimalen Trainingspuls (für das mittlere Tempo, den Fitnessbereich) ermittelt. Genau für diesen Tag richtig, gibt das Gerät Ihnen Ihre «OwnZone» vor. Sie können diesen Bereich auch speichern und beim nächsten Training einfach wieder abrufen.

Weicher Textilgurt **Anstelle der herkömmlichen Plastikspange mit Gummiband gibt es inzwischen einen weichen Textilgurt. Er kann vom Sender einfach abgeklickt und mit mildem Waschmittel gewaschen werden (von Polar).**

Je mehr Funktionen eine Pulsuhr hat, desto komplizierter und teurer wird sie. Wer den Kauf erwägt, sollte sich in guten Sportgeschäften oder lizenzierten Sportstudios gründlich beraten lassen.

Pro und kontra Pulsuhren

Ein wichtiges Ziel beim Sport ist es, seinen Körper kennen zu lernen. Ein Gespür dafür zu entwickeln, welche Belastungen gut und richtig sind. Dazu eignet sich die Atemkontrolle und die Wahrnehmung des Befindens während des Trainings. Sie sollen sich immer wohl fühlen, auch wenn Sie sich anstrengen – und danach leicht erschöpft, aber nicht kaputt.

Auch die Zeit, die zur vollständigen Erholung notwendig ist, sagt einiges über Ihr Training aus. Wenn Sie noch Tage nach der Belastung fix und fertig sind oder einen heftigen Muskelkater spüren, haben Sie sich überfordert. Und ganz klar: Wenn Sie gar nichts merken, können Sie nächstes Mal ruhig etwas schneller oder länger unterwegs sein.

Allerdings sollte die Nordic-Walking-Stunde auch eine Zeit der Entspannung sein. Wer den ganzen Tag nach Zeitplan und Uhr lebt, möchte sich am Abend vielleicht nicht noch das Tempo von einem Herzfrequenzmesser diktieren lassen. Fühlen Sie sich also frei, nach Ihren eigenen Bedürfnissen zu entscheiden.

Es gibt allerdings drei gute Gründe, die für den Einsatz eines Herzfrequenzmessers sprechen: ein am Anfang

buchtipp

Wer sich detailliert über Fitnesstests und Pulsmesser informieren möchte, findet alles Wissenswerte auch im Polar-Buch von Ole Petersen: «So einfach ist Fitness» (Rowohlt Taschenbuch Verlag 2002).

profitipp

«Beim Nordic Walking wird der Effekt oft überschätzt: Viele sieht man mit den Stöcken locker umherschlendern, in der irrigen Meinung, sie würden nun unheimlich viel Sport treiben. Dann kann die Pulsuhr eine wirkliche Hilfe sein, die Belastung realistisch zu bewerten und entsprechend anzupassen.»

Verena Johannsen,
Nordic-Walking-Trainerin,
Hamburg

vielleicht noch etwas schwach entwickeltes Körpergefühl, gesundheitliche Risikofaktoren – und last, but not least der Wunsch nach Leistungssteigerung durch genau überwachtes Training.

- Wer nicht gelernt hat, auf seinen Körper zu hören, kann die Pulsuhr als wichtiges Hilfsmittel nutzen. Eine Zeit lang mit der Uhr zu trainieren und die richtige Herzfrequenz mit dem eigenen Gefühl abzugleichen ist dann durchaus sinnvoll.
- Wer Herzerkrankungen oder andere körperliche Einschränkungen hat, kann damit kontrolliert und sicher trainieren. Die Pulsuhr schützt vor Überlastung und bremst allzu Ehrgeizige.
- Auch im ambitionierten Freizeitsport haben die Geräte ihre Berechtigung: Wer sich auf einen Marathon vorbereitet, ist damit gut bedient. Zumindest eine Zeit lang kann es richtig sein, sein Training mit Hilfe einer Pulsuhr exakt zu steuern.

Die Sache mit der Fettverbrennung

Es ist ein Irrtum, zu glauben, dass mehr Fett verbrannt wird, wenn man langsamer unterwegs ist. Man verbrennt nur prozentual mehr Fett (der Anteil an Fett im Verhältnis zu Zucker ist größer). In absoluten Zahlen betrachtet, verbrennen Sie bei gemächlichem Tempo jedoch weniger Fett und Kalorien. Das bedeutet umgekehrt: Je intensiver Sie walken, desto mehr Fett wird verbrannt.

Richtig ist allerdings, dass ab einer

bestimmten Intensität diese Regel kippt. Wer so schnell wird, dass er mit dem Atmen nicht mehr nachkommt, also eine so genannte Sauerstoffschuld eingeht, kann kein Fett mehr verbrennen. Der Stoffwechsel stellt dann wieder auf Zucker um. Zucker wird praktisch als Not(strom)aggregat eingesetzt. Diese Verbrennungsart heißt «anaerob» und funktioniert nur für eine kurze Zeit. Weil als Abfallprodukt bei diesem Prozess Milchsäure (Laktat) entsteht, kommt es zu einer «Übersäuerung» der Muskulatur. Sie führt relativ rasch dazu, dass die Belastung abgebrochen werden muss.

Ein Training im anaeroben Bereich ist im Gesundheitssport nicht sinnvoll. Zum einen, weil Sie sich damit nicht wirklich etwas Gutes tun. Zum anderen, weil Sie sich damit nicht wohl fühlen werden. Zum Dritten und wohl Wichtigsten allerdings, weil Sie mit einem Training im oder am anaeroben Bereich keine sinnvollen Trainingsumfänge schaffen.

Doch nun kommt der Clou: Wer ab und zu eine Leistungsspitze setzt, also an und um die magische «anaerobe Schwelle» herum trainiert, kann diese Grenze weiter hinausschieben. Profis verbessern mit schnellen, intensiven Läufen ihre «Laktattoleranz» und die Umstellung der Verbrennung. Aber auch ambitionierte Freizeitsportlerinnen können sich so sachte an neue Belastungen herantasten. Nach und nach werden Sie immer schneller unterwegs sein, ohne dass Ihnen die Puste ausgeht und ohne zu übersäuern.

BLAUE, ROTE UND SCHWARZE ROUTEN

Die Farbskala entspricht der Pistenkennzeichnung beim Skifahren: Einsteiger wählen zunächst eine blaue Strecke. Klappt das gut, testen sie die einfachste der roten Routen. Profis wagen sich an die echten Bergstrecken, die schwarz dargestellt sind.

So werden Sie schneller

Für Anfänger ist es richtig, in der Ebene zu gehen. Sie suchen sich einen Park oder eine flache Strecke am Fluss- oder Seeufer. Fortgeschrittene üben sich an den Hügeln, was mit den Stöcken besonders viel Spaß macht. Allein durch das Profil sorgt ein Hügelparcours für eine wechselnde und intensivere Belastung. Ideale Voraussetzungen finden Sie in den neuen Nordic.Walking.Parks: Die Streckenprofile sind genau vermessen und auf den Infobroschüren abgebildet.

Wer keine Möglichkeit hat, auf ausgewiesenen Strecken zu trainieren, kann sich jedoch auch seinen eigenen Hügelparcours zusammenstellen. Eine kleine Anhöhe (und sei es ein Deich

Behutsam aufbauen

Tasten Sie sich allmählich an die neue Belastung heran. Wer dreimal pro Woche walkt, ersetzt zunächst ein Training in der Woche durch das neue Hügelprogramm.

tipp

oder ein ehemaliger Müllberg) reicht dafür schon aus. Wenn es das Gelände hergibt, suchen Sie sich einen kurzen Aufstieg und einen längeren Weg, der weniger steil wieder hinunterführt. Gehen Sie in perfekter Technik bergauf und locker wieder hinunter. Je nach Höhe des Hügels wiederholen Sie den Aufstieg einmal oder sogar öfter.

Verschiedene Streckenprofile sowie blaue, rote und schwarze Routen

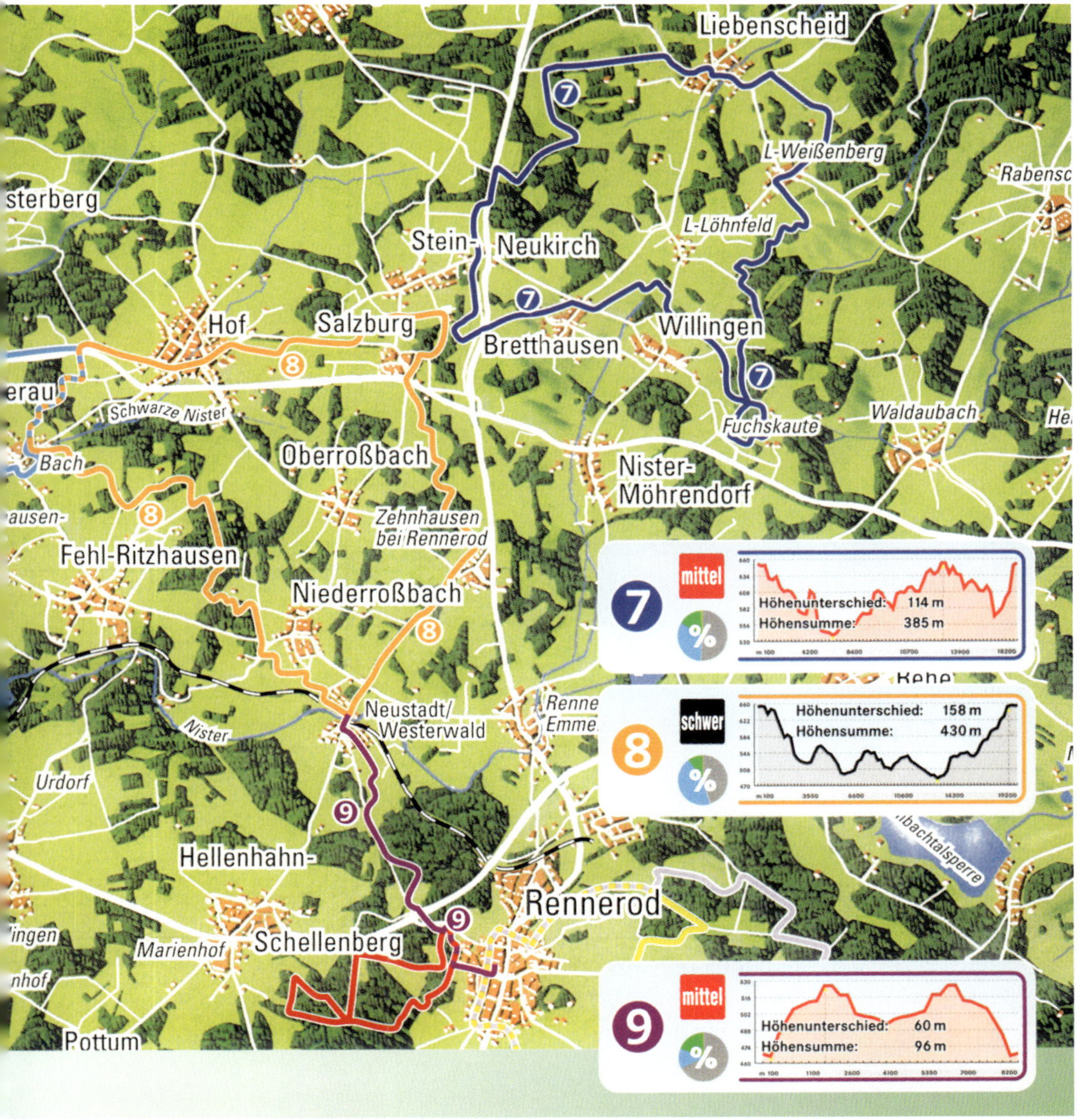

Das Fahrtspiel

Sie haben Lust, schneller zu werden? Dann trainieren Sie Ihre Geschwindigkeit mit einem Fahrtspiel. Das ist eine Trainingsmethode, die sehr effektiv ist und Spaß macht. Sie wechseln dabei – ohne genaue Zeitvorgabe – die «Fahrt», eine altmodische Bezeichnung für das Tempo.

Und so geht's:

- **Machen Sie sich vor dem Training besonders gut warm und starten Sie wie immer im Spaziergängertempo. Walken Sie rund zehn Minuten entspannt, bevor Sie schneller werden.**
- **Nehmen Sie sich nun eine bestimmte Strecke vor: Beispielsweise steigern Sie Ihr Tempo bis zur nächsten Abzweigung kontinuierlich – um danach wieder ins bequeme Walking-Tempo zurückzufallen.**
- **Während der Steigerung atmen Sie für eine kurze Zeit richtig intensiv, in der folgenden Erholungsphase entspannt sich dann auch der Atem wieder.**
- **Spielen Sie mit dem Tempo, setzen Sie sich immer wieder neue Ziele, um die schnellere Strecke zu absolvieren.**
- **Walken Sie locker aus und stretchen Sie abschließend besonders gründlich.**

Beginnen Sie mit dem Fahrtspiel einmal pro Woche. Am folgenden Tag können Sie bewusst relaxen: zum Beispiel in der Therme oder in einem Hamam. Wärme und Wasser, vielleicht verbunden mit einer Massage, tun gut und fördern die Erholung. Entspannend wirkt aber auch sanfte Bewegung: Drehen Sie eine kürzere und leichtere Runde, ganz wie Sie mögen, mit – oder zur Abwechslung einmal ohne – Stöcken. Denn Sie wissen ja: Die Anpassung findet in der Erholung statt. Schon in der nächsten oder übernächsten Woche wird Ihnen der Tempowechsel viel leichter fallen.

Intervall-Training

Das Fahrtspiel ist eine spielerische Form des bekannten Intervall-Trainings. Beides dient dazu, neue Impulse zu setzen. Also dem Körper einen neuen Trainingsreiz zu bieten, mit dem Sie vor allem Ihre Schnelligkeit und Ihre Kraftausdauer verbessern können.

Beim Intervall-Training variieren Sie das Tempo nach vorgegebenen Zeiten. Längere Intervalle in mittlerem Tempo wechseln mit kürzeren Intervallen in flottem Tempo. Zunächst ist es auch hier richtig, einen Termin pro Woche für die neue Trainingsform zu reservieren. Machen Sie sich an diesem Tag besonders gründlich warm und nehmen Sie sich ausreichend Zeit für das abschließende Stretching.

Der Trainingsplan für Fortgeschrittene

Wer sein Tempo systematisch erhöhen möchte, kann sich nach unserem Trainingsplan für Fortgeschrittene richten. Das erklärte Ziel der acht Wochen: die Grundschnelligkeit zu erhöhen. Dazu ist es sinnvoll, parallel die Grundlagenausdauer zu verbessern. Damit sind Sie auch in der Lage, das neu antrainierte Tempo über eine längere Walking-Einheit zu halten.

Im Unterschied zu unserem ersten Trainingsplan (Trainingsplan für Einsteiger, Seite 66) gibt es hier drei verschiedene Tempi.

Gemütlich – ein gemäßigtes Tempo (schnellerer Spaziergehschritt)

Mittel – das Tempo, in dem Sie normalerweise walken (Wohlfühltempo)

Flott – konzentriertes schnelles Walken. Sie fühlen sich dabei die ganze Zeit über angestrengt. Es soll aber keine Quälerei mit zusammengebissenen Zähnen werden.

«Das flotte Tempo entspricht der so genannten Grundausdauer 2 und reicht von etwa 80 bis zu 90 Prozent der maximalen Herzfrequenz. Am Anfang ist es unbequem, aber man gewöhnt sich daran.»

Verena Johannsen,
Nordic-Walking-Trainerin, Hamburg

profitipp

	Montag	Dienstag	Mittwoch
1. Woche		45 Min. Nordic Walking mittleres Tempo	
2. Woche		40 Min. mittel 10 Min. flott 5 Min. gemütl.	
3. Woche	30 Min. gemütliches Tempo		30 Min. mittel 15 Min. flott 5 Min. gemütl.
4. Woche	30 Min. gemütliches Tempo	40 Min. mittel 10 Min. flott 5 Min. gemütl.	
5. Woche			10 Min. mittel 7 Min. flott 10 Min. mittel 7 Min. flott 10 Min. mittel 5 Min. gemütl.
6. Woche		40 Min. mittel 5 Min. flott 5 Min. gemütl.	
7. Woche		60 Min. mittel 3 x 2 Min. sehr flott 3 x 2 Min, gemütl. als Pause dazwischen	
8. Woche		40 Min. mittleres Tempo	

Donnerstag	Freitag	Samstag	Sonntag
10 Min. mittel 5 Min. flott 10 Min. mittel 5 Min. flott 10 Min. mittel 5 Min. gemütl.		60 Min. mittleres Tempo	
40 Min. mittel 10 Min. flott 5 Min. gemütl.			70 Min. mittleres Tempo
		70 Min. mittleres Tempo	
50 Min. mittel 5 Min. flott 5 Min. gemütl.			75 Min. mittleres Tempo
	40 Min. mittleres Tempo		75 Min. mittleres Tempo
10 Min. mittel 10 Min. flott 10 Min. mittel 10 Min. flott 10 Min. mittel 5 Min. gemütl.		80 Min. mittleres Tempo	
	40 Min. mittel 4 x 2 Min. sehr flott 4 x 2 Min, gemütl. als Pause dazwischen		85 Min. mittleres Tempo
10 Min. mittel 15 Min. flott 15 Min. mittel 15 Min. flott 10 Min. mittel 5 Min. gemütl.			90 Min. mittleres Tempo

Zur persönlichen Trainingsgestaltung gelten selbstverständlich dieselben Regeln, die wir beim Plan für Einsteiger erwähnt haben (Seite 66).

- Wechseln Sie die Tage so, wie es für Sie am besten passt.
- Besonders nach den intensiven Einheiten mit dem Intervall-Training ist es sinnvoll, einen oder zwei Tage zur Erholung einzuplanen. Nicht vergessen: Die Leistungssteigerung findet in der Pause statt!

CROSS-TRAINING

Um noch mehr Abwechslung in Ihr Training zu bringen, können Sie an einem Tag eine andere Sportart wählen. Perfekt sind alle Ausdauersportarten wie Radfahren, Laufen oder Rudern. Aber auch Ballsportarten bringen neue Impulse und viel Spaß. Probieren Sie es aus!

Wettkampf – der Kick für Aktive

Wer längere Zeit dabei ist und intensiv trainiert, bekommt irgendwann Lust, sich zu messen. Läuferinnen bereiten sich dann gerne auf einen 5- oder 10-Kilometer-Lauf vor, auf einen Halbmarathon oder direkt auf einen Marathon. Walkerinnen marschieren einmal auf der 5-Kilometer-Route durch den Stadtpark oder machen mit beim Hamburger LaufWalk, 7,5 Kilometer um die Außenalster.

Letzteres Ereignis – der Rykä-Frauenlauf um die Hamburger Außenalster – kennt seit 2002 eine getrennte Wertung für Nordic Walkerinnen. Ganze neun Starterinnen waren es im ersten Jahr, 2003 dagegen schon 50. Und im August 2004 liefen von insgesamt 406 Walkerinnen 94 – also etwa jede vierte

Events für Walkerinnen

Ambitionierte Walkerinnen fahren zum zweitägigen Walking-Event nach Belgien (www.2daagse.be) oder direkt zum Mega-Ereignis, dem 4daagse, nach Nijmegen in Holland (www.4daagse.nl). Dabei zählt der Spaß und das Ankommen, nicht die Zeit.

tipp

– mit Stöcken. Ein solcher Wettkampf ist eine tolle Motivation und es macht Spaß mitzulaufen. Im Vordergrund steht das gemeinsame Erlebnis, weniger die erreichte Zeit, auch wenn diese selbstverständlich professionell gemessen und in Listen ausgedruckt wird.

Bei den Zeiten zeigt sich allerdings, dass die Stöcke bei hohen Geschwindigkeiten eher ein Handicap sind denn ein Gewinn. Die Siegerzeiten sind sogar langsamer als beim reinen Walking. Auch das Überholen ist nicht ganz einfach und der Stil leidet.

Der Deutsche Nordic Walking Verband fördert denn auch keine Wettbewerbe, sondern distanziert sich im Gegenteil davon. Sprecherin Katrin Wurster erklärt: «Nordic Walking ist eine schonende und sanfte Art, sich fortzubewegen. Auf die Geschwindigkeit kommt es nicht an. – Ein Wettkampf verfolgt gegensätzliche Ziele.»

Bei den traditionellen Marathonwettbewerben sind Nordic Walkerinnen aus Sicherheitsgründen nicht zugelassen. Verständlich. Denn stellen Sie sich doch einmal einen Massenstart (z. B. in New York) vor, bei dem jede/r zwei Stöcke hätte ...

Findige Nordic-Walking-Fans, die dennoch Lust auf die lange Strecke haben, legen einfach ihre Stöcke beiseite. Und walken den Marathon mit. So zum Beispiel die Hamburgerin Verena Johannsen, die auch die Trainingspläne für dieses Buch entwickelt hat. Sie trainierte eine 12-köpfige Walking-Gruppe, die sich gemeinsam auf den Olympus-Marathon 2004 vorbereitet hat. Am 18. 4. 2004 gingen sie in Hamburg an den Start. Und walkten die 42,125 Kilometer mit einem durchschnittlichen Tempo von 8,5 km/h. Die Letzten (!) der Gruppe kamen in 5 Stunden 50 Minuten ins Ziel. Und damit weit vor vielen Läufern.

Kennen Sie Anna? In der bekannten Fernsehdokumentation «Von Null auf 42» (arte/ARD, 2004) quälte sich Anna während der ersten Trainingsmonate furchtbar mit dem Laufen. Dann stieg sie endlich um: auf Walking. Es war wie eine Befreiung für sie. Und mit der passenden Gangart lief sie nach einem Jahr ihren Marathon in New York: Er wurde zu einer 7-stündigen Feier.

Das Beispiel von Verena oder Anna zeigt es ganz deutlich: Es ist nicht entscheidend, ob wir laufen, walken oder nordic walken. Wir können nach Bedarf die Gangart wechseln und so weitergehen, wie es uns am besten passt. Wichtig ist nur, dass wir nicht stehen bleiben.

Also: Sollten Sie einmal keine Lust auf Ihre Stöcke haben – oder kein passendes Gelände dafür –, lassen Sie sie einfach weg. Walken Sie weiter, laufen Sie, nehmen Sie die Inliner oder Ihr Rad. Oder wie wäre es mal wieder mit Skifahren?

Wintervarianten und große Sprünge

Wer regelmäßig mit den Stöcken übt, ist für alle Wintersportarten bestens vorbereitet. Skilanglaufen funktioniert bekanntlich wie Nordic Walking, nur mit Skiern. Doch auch als Alpin-Fan werden Sie große Fortschritte verbuchen, sobald Sie sich wieder die Hänge hinunterschwingen. Sie merken sofort, dass Sie über die schneefreie Zeit ausdauernder und kräftiger geworden sind. Auch wenn man mal am Ziehweg oder zum nächsten Lift anschieben muss – kein Problem. Das Nordic-Walking-Training bringt den entscheidenden Vorteil, denn auch Ihre Schulter- und Armmuskulatur hat nun die nötige Power. Aber sportliche Skifahrerinnen können im Herbst sogar noch etwas mehr für die Saisonvorbereitung tun: Probieren Sie es mal mit Nordic Jumping!

Nordic Jumping ist Nordic Walking mit explosiv ausgeführtem Abdruck. Sie springen von einem Bein ab, schräg nach vorne. Der Abdruck wird unterstützt von einem zeitgleich gesetzten Armabdruck (schräg nach hinten). Wer es ausprobieren möchte: Starten Sie zunächst mit 10 Sprüngen. Steigern Sie sich behutsam. Profis trainieren die Nordic-Jumping-Pyramide, und das am liebsten bergauf! Ein Beispiel:

Jeweils 30 – 40 – 50 – 60 – 50 – 40 – 30 Sprünge, dazwischen immer «normale» Nordic-Walking-Passagen. Ein anspruchsvolles Intervall-Training!

Der mehrfache deutsche Meister und Weltcupsieger Peter Schlickenrieder beschreibt in seinem Buch «Skilanglauf» nicht nur seine Lieblingssportart. Auch Nordic Jumping und Nordic Blading – als echte Profivarianten fürs Sommertraining – werden darin vorgestellt (Ehrenwirth Verlag, Bergisch Gladbach 2003).

buchtipp

Wer die gemütlichere Gangart bevorzugt und dem Skilaufen nichts abgewinnen kann, muss im Schnee trotzdem nicht auf die Stöcke verzichten. Einerseits können Sie winterwandern. In immer mehr Alpenressorts werden spezielle Wanderwege präpariert und ausgeschildert, die Sie mit Wanderschuhen (GoreTech-Ausstattung ist praktisch) begehen können. Ihre Stöcke bestücken Sie beim Winterwandern mit speziellen Schneetellern, damit sie Ihnen ausreichend Unterstützung bieten.

Großen Spaß – und einen tollen Ausdauereffekt – bringen Schneeschuh-Touren mit Stöcken. Im Jargon der Nordic-Fans heißt das dann «Nordic Snowshoeing». In vielen Wintersportressorts des Alpenraumes werden geführte Touren angeboten, die Sie meist in unberührte, tief verschneite Natur bringen. Der Vorteil der etwas gewöhnungsbedürftigen Schneeschuhe (die etwa wie Tennisschläger aussehen): Sie brauchen keine gespurten Wege, die Spur legen Sie selbst. Den zusätzlichen Halt, den die Nordic-Walking-Stöcke (mit Schneetellern!) geben, kann man auf unebenem Untergrund und bei höheren Schneelagen gut gebrauchen. Wer im Herbst Nordic Jumping trainiert hat, wird nun auch gemsengleich die Berge hochspringen. Alle anderen gehen einfach Schritt für Schritt und achten auf eine tiefe, gleichmäßige Atmung.

NORDIC FITNESS

«Nordic Fitness» ist eine Art Dachbegriff, unter dem sämtliche Sommer- und Wintervarianten des Sports mit den Stöcken zusammengefasst werden.

«Wir gehen im Frühjahr gerne Ski-Touren – mit Tourenski und Fellen für den Aufstieg. Inzwischen haben wir herausgefunden, dass sich die Nordic-Walking-Stöcke prima dafür eignen. Sie sind leichter und liegen angenehmer in der Hand als Skistöcke. Also gehe ich jetzt nur noch mit meinen Nordic-Stöcken.»

Cornelia Ließmann,
Nordic-Walking-Trainerin, Bad Tölz

SAFER SKATING

Tragen Sie beim Nordic Blading immer einen Helm und zumindest Ellenbogenschützer. Darauf verzichten selbst die Profis nicht – wovon Sie sich beim nächsten Marathon mit Inlineskating-Wettbewerb überzeugen können.

Und kennen Sie eigentlich schon Nordic Cruising? Das ist ein weiterer brandneuer Trend in der ständig wachsenden Nordic Community. Das Nordic Cruising kann am ehesten als ein Skiwandern bezeichnet werden, der Bewegungsablauf ähnelt dem des Skilanglaufs. Allerdings ist der Nordic-Cruising-Ski kürzer, leichter, durch

spezielle Taillierung stabiler – aber gleichzeitig wendiger und einfacher zu beherrschen als der übliche Langlaufski. Als Nordic Cruiserin können Sie sowohl in der gespurten Loipe als auch im freien Gelände unterwegs sein, die Stöcke helfen Ihnen im klassischen wie im Skating-Stil.

Nordic Blading

Eine weitere (schneeunabhängige) Nordic-Variante ist Nordic Blading, also inlineskaten mit Stöcken. Voraussetzung ist allerdings, dass Sie bereits geübt sind auf den schnellen Rollen. Sie müssen nicht nur gut laufen,sondern auch sicher bremsen können. Denn beim Nordic Blading erreichen Sie schnell ein rasantes Tempo.

Die Stöcke sind deutlich länger als beim Nordic Walking: Sie sollen 90 Prozent der Körperlänge plus 2,5 Zentimeter lang sein und haben speziell entwickelte Spitzen. Damit bringen sie optimalen Halt und absorbieren Stöße und Vibrationen. Jetzt brauchen Sie nur noch eine gerade Piste mit möglichst wenig Straßenverkehr. Und los kann es gehen.

Ob winters oder sommers, wer Spaß am Nordic Walking gefunden hat, wird immer neue Möglichkeiten entdecken. Mit jedem Schritt und jedem Training kommen Sie Ihrer Bestform näher und werden rundum fit. Probieren Sie es doch einfach aus!

Service

Literatur

Burger, Doris: Fitness statt Diät. BLV Verlagsgesellschaft, München 2000

Burger, Doris: Effektiv zum schlanken Bauch. Rowohlt Verlag, Reinbek 2003

Burger, Doris: Walking. Rowohlt Verlag, Reinbek 2003

Gerig, Urs: Nordic Walking. BLV Verlagsgesellschaft, München 2002

Hennige, Gerhard: Walking. In: Deutscher/Hessischer Turnerverband (Hg.): Aktiv unterwegs – 50 plus. Walking/Wandern. o. O. 2000

Hoffbauer, Gabi: Sport bei Herzerkrankungen. Trias Verlag, Stuttgart 2002

Kreuzriegler, Friedrich; Gollner, Erwin; Fichtner; Harald: Das ist Nordic Walking. Urban & Fischer Verlag, München 2002

Kuhn, Dörte: Big Gym. Frauen-Fitness XXL, Rowohlt Verlag, Reinbek 2002

Mensink, Gert: Körperliches Aktivitätsverhalten in Deutschland. In: Körperliche Aktivität in Prävention und Therapie. Hans Marseille Verlag GmbH, München 2002

Mießner, Wolfgang: Richtig trainieren mit der Pulsuhr. BLV Verlagsgesellschaft, München 2004

Mollnhauer, Stefanie: Ausdauertraining für Frauen. Südwest Verlag, München 2003

Murphy, Samantha: LaufGuide – speziell für Frauen. BLV Verlagsgesellschaft, München 2004

Petersen, Ole: Polar – So einfach ist Fitness. Rowohlt Verlag, Reinbek 2002

Schlickenrieder, Peter: Skilanglauf. Das Trainingsprogramm. Ehrenwirth Verlag, Bergisch Gladbach 2003

Schwitzer, Kathrine: Laufen und Walking. Das sanfte Programm für Frauen ab 40. Rowohlt Verlag, Reinbek 2000

Bildnachweis

Seite 5, 23 Fontshop

Seite 63 Daniel Sauthoff

Seite 75 Photodisc

Seite 110-115 Salomon

Adressen

Ausrüstung

Stöcke

Exel GmbH
Meisenstraße 3
83101 Rohrdorf
www.nordicwalking.com

Swix Deutschland
Karlsbergerstraße 3
87471 Durach
www.swixsport.com

Leki Lenhardt GmbH
Karl-Arnold-Straße 30
73230 Kirchheim/Teck
www.leki.de

Schuhe

Rykä
Dancin' Vertriebsgesellschaft m.b.H.,
Business Parc
Schnieringshof 12
45329 Essen
www.ryka.com

New Balance Germany Inc.
Lise-Meitner-Straße 5
82216 Gernlinden
www.newbalance.de
(mit aktuellen Walking-Events)

Nike International
Hessenring 13a
64546 Mörfelden
www.nike.com

Kleidung

Warm Sports
Leverkusenstraße 13
22761 Hamburg
www.warmsports.de

Rono
Taunusstraße 3
64646 Heppenheim
www.rono-shop.de

Odlo Sports GmbH
Weihersfeld 42
41379 Brüggen
www.odlo.com

Herzfrequenzmessgeräte

Polar Electro GmbH Deutschland
Hessenring 2
64572 Büttelborn
www.polar-deutschland.de

Nordic-Walking-Kurse, Ausbildung und Infos

Laufwerk
– Laufladen, Kurse, Events –
Hoheluftchaussee 42
20253 Hamburg
040/27808777
www.laufwerk-hamburg.de

Maritim Berghotel Braunlage
Am Pfaffenstieg
38700 Braunlage
Tel. 05520/805-0

Montevia
1. Nordic Walking Schule Tölzer Land
Alte Straße 59
82431 Kochel am See
Tel. 08851/61463-0
www.montevia.de

Nordic Walking Academy
Am Schloss 4
79117 Freiburg
0761/132525
www.nordic-walking-online.de

Nordic Walking College
Christian Röhrs
Zevener Straße 5B
27383 Scheesel
Tel. 04263/982600
www.nordic-walking.net

Nordic-Walking-Reisen

Gomera Trekking Tours
Sandstraße 1a
90443 Nürnberg
Tel. 0911/20787
www.trekkingreisen.de

Nordic.Walking.Parks
Kiefer & Partner
Sports Consulting
Am Schloss 4
79117 Freiburg
Tel. 0761/130900
www.nordicfitnesspark.de

Nordic-Walking-Zentrum
die «Vier Schönen» im Schwarzwald
Auskunft über:
Hinterzarten Breitnau Tourismus GmbH
Freiburger Str. 1
79856 Hinterzarten
Tel. 07652/1206-0
www.hochschwarzwald.de

Nordic-Walking in Bad Tölz
Tourist-Information
Max-Höfler-Platz 1
83646 Bad Tölz
Tel. 08041/78670
www.bad-toelz.de

Pro Training Tours GmbH
Im Schelmböhl 40
64665 Alsbach
Tel. 06257/93210
www.protrainingtours.de

Tirol VitalWellnessHotels
Kralbergweg 35 B
A-6072 Lans
Tel. 0043-512379850
www.vitalwellnesshotels.com

Allgemeine Infos

Deutsche Gesellschaft für Sportmedizin und Prävention
(Deutscher Sportärztebund) e.V.
Hugstetter Straße 55
79106 Freiburg
www.dgsp.de

Deutscher Leichtathletik-Verband
Alsfelder Straße 27
64289 Darmstadt
www.leichtathletik.de

Deutscher Nordic Walking Verband
Postfach 100409
83004 Rosenheim
www.nordicwalkingverband.de

Die Autorin

Doris Burger, Jahrgang 1959, hat Sport, Geografie und Erziehungswissenschaft studiert. Nach dem Magisterabschluss war sie Reporterin bei der Heidelberger «Communale», Redakteurin bei «Cosmopolitan» in München, Ressortleiterin bei «Für Sie» und Textchefin bei «Fit for Fun». Seit 1995 arbeitet sie als freie Autorin und Redakteurin in Hamburg, schreibt für renommierte Zeitschriften und veröffentlicht erfolgreiche Sachbücher. In ihren Sportgruppen setzt sie die Theorie in die Praxis um und bringt die Menschen sanft und sicher in Bewegung.

Die Trainerin

Verena Johannsen, Jahrgang 1968, startete ihre Laufkarriere mit Crossläufen. Seit 1990 gibt sie Laufkurse an der Hamburger Uni und unterrichtet beim Hamburger Sportbund. Theoretisch fit hält sie sich durch zahlreiche Trainerlizenzen und Weiterbildungen. 1999 gründete sie, zusammen mit sechs anderen Ausdauerbegeisterten, das Hamburger «Laufwerk». Zum Schwerpunkt Laufen (Kurse und Equipment) kam bald das Walking, seit 2002 auch das Nordic Walking. Die Marathon-Läuferin Verena wurde, nach einer Knieverletzung, zur mittlerweile begeisterten Nordic Walkerin.

Dank

Für die fachliche Beratung, die freundliche Unterstützung und die vielen praktischen Tipps danke ich Cornelia Ließmann, Nordic-Walking-Trainerin in Bad Tölz, sowie Axel Kiefer, dem Erfinder der Nordic.Walking.Parks in Freiburg. Danke für die Unterstützung auch an das Hamburger Laufwerk, die Sporthochschule in Köln und die freundliche Walking-Gemeinde Bad Tölz.

schön
sinnlich
Entdecken Sie die schönsten Seiten des Lebens
Zartmacher
Durchatmen
beauty
Buchweizentorte mit Blaubeeren
Fruchtzeit
Yufka-Törtchen mit Beeren
essen
mode news
Das Lieblingsstück des Monats
Rot & süß

Welcome to Wellness
vital
aktiv
gesund
nziehend
www.vital.de
Welcome to Wellness
vital
JULI 2004
2,20 €
Natur-
kosmetik
auf dem
Prüfstand
Vor- und Nachteile
von Cremes,
Shampoos, Deos
Leichte
Obstkuchen
Genuss ohne
Kalorienzählen
Raus
aus der
Partner-
Krise
So lösen Sie
Konflikte
konstruktiv
4-Wochen-
Aufbauplan
für Körper
und Seele
Jeden Monat
NEU!
In Balance
kommen
* Entschlacken, Stress abbauen, neue Kraft schöpfen
* Mit Schüßler-Salzen, Yoga, F.X. Mayr Kurz-Diät

rororo Ratgeber Sport

Runner's World: Lesen, fertig, los!
Die besten Titel zum Trendsport Laufen

Runner's World: Das Laufbuch
Training, Technik, Ausrüstung
Thomas Steffens/Martin Grüning
3-499-19465-1
«Dieser Laufwegweiser lässt allen Schnickschnack weg und konzentriert sich aufs Wesentliche.» (Dieter Baumann in seinem Vorwort)

Runner's World: Marathon
Die besten Programme
Thomas Steffens/Martin Grüning
3-499-61010-8
Die perfekte Gebrauchsanweisung für effektives Training: welches Pensum ist in welcher Intensität in welcher Zeit zu absolvieren?

Runner's World: Lauftrainer 5 bis 10 Kilometer
Die besten Trainings-Programme
Thomas Steffens/Martin Grüning
3-499-61018-3

Runner's World: Laufen – Das Einsteigerbuch
Thomas Steffens/Martin Grüning
Die wichtigsten und besten Tipps zum Laufen – alles, was Läufer wissen müssen über Ausrüstung, Technik und Training, Fitness und Ernährung, Gesundheit und Equipment.

3-499-61030-2

S 49/1b

Foto: Digitalvision

Feng Shui gegen das Gerümpel des Alltags – Der Bestseller von Karen Kingston

Wie man ausmistet
Den Papierkram beherrschen
Gerümpelfrei bleiben

Feng Shui ist die chinesische Kunst, Häuser so zu bauen und Räume so einzurichten, dass Menschen sich darin wohl fühlen und ihr Energieniveau behalten oder sogar stärken. Nun werden wir vielleicht nicht gleich unser Haus umbauen oder unsere Wohnung völlig umgestalten wollen, aber Gerümpel haben wir alle. Wie wir uns davon befreien und so unsere gestaute Energie und damit unser ganzes Leben in Schwung bringen, erklärt die international bekannte Feng-Shui-Expertin Karen Kingston in ihrem ungemein praktischen Ratgeber.

«Ein großartiges Buch, das schon lange überfällig war. Ich habe es innerhalb einer Woche gleich zweimal gelesen, und es hat mir das Leben auf erfreuliche Art und Weise leichter gemacht.»
Louise L. Hay

3-499-61399-9